保护 传承 利用

中国大运河

孙志亮 著

清华大学出版社
北京

版权所有，侵权必究。举报：010-62782989，beiqinquan@tup.tsinghua.edu.cn。

图书在版编目（CIP）数据

保护 传承 利用：中国大运河 / 孙志亮著. —北京：清华大学出版社, 2022.8 (2022.10重印)
ISBN 978-7-302-61662-7

Ⅰ.①保… Ⅱ.①孙… Ⅲ.①大运河－研究－无锡 Ⅳ.①K928.42

中国版本图书馆CIP数据核字(2022)第145399号

审图号：GS（2022）4398

责任编辑：张占奎
装帧设计：陈国熙
责任校对：赵丽敏
责任印制：杨　艳

出版发行：清华大学出版社
　　　　网　　址：http://www.tup.com.cn，http://www.wqbook.com
　　　　地　　址：北京清华大学学研大厦A座　　　　邮　编：100084
　　　　社 总 机：010-83470000　　　　邮　购：010-62786544
　　　　投稿与读者服务：010-62776969，c-service@tup.tsinghua.edu.cn
　　　　质量反馈：010-62772015，zhiliang@tup.tsinghua.edu.cn
印 装 者：小森印刷（北京）有限公司
经　　销：全国新华书店
开　　本：185mm×260mm　　　印　张：14.75　　　字　数：236千字
版　　次：2022年8月第1版　　　　　　　　　　印　次：2022年10月第2次印刷
定　　价：168.00元

产品编号：097981-01

无锡古运河开拓最早、保护最好，既是古运河的发源地，又最具原生态文化风貌，是古运河文化的绝版之地。

2006
——全国政协大运河保护与申遗考察团

《无锡建议》作为一个信号，标志着中国政府开始关注工业遗产的命运，对工业遗产的保护和利用开始纳入文物保护的整体范畴，之后将在全国范围展开工业遗产的调查、评估、定级、规划。

2006.4
——国家文物局、中国古迹遗址保护协会

无锡
中国经济发达地区宜居宜业的山水城市；

山在城中，城在湖边，
运河穿城而过，文脉源远流长；

中国大运河保护传承利用的先行者；

依河而生，因河而兴，
工商文化历久弥新，运河精神生生不息。

感恩运河、感恩时代，
我唯有不断学习、努力工作、以勤补拙。

序

1983年7月，我大学毕业后分配到无锡市城建局规划管理处工作，做的第一个项目就是参加无锡市区古运河规划的调研、编制工作。当年做规划调研时沿河百姓及企业对运河的深深眷恋和美好期望、规划论证时专家学者的精辟点评和中肯建议、《无锡市区古运河规划》在市第九届人大常委会第六次会议上通过等一幕幕亲身经历的场景，常常勾起我难忘的记忆。以史为鉴，真实记录无锡为何始终坚持保护传承利用大运河及在全国率先编制古运河保护规划这一段难忘的实践史，是一个规划建设工作者的职责，又有王辉、陈从广、马超等一批年轻人有志参与这项工作，更增加了我著书的力量。

无锡是中国大运河重要节点城市，系统、整体、连续地保护传承利用了大运河。1980年开启的无锡"古运河之旅"让世界更好地了解了中国大运河。大运河无锡段保存的工业遗产是中国民族工商业的典型代表，具有与世界工业文化遗产比肩的地位和实力。2004年始建的北仓门文创园区，开启了运河工业遗产修缮利用的新途径；2006年4月《无锡建议》的诞生，拉开了中国工业遗产保护的序幕；2007年利用茂新面粉厂工业遗址建设的中国民族工商业博物馆，成为代表近代工商业文化的主题博物馆。从全球范围看，大运河无锡段全民保护传统如此持久、运河文化和形态传承如此完整，综合利用时间如此绵长，也非常罕见，很有潜力进一步走入世界运河文化舞台中央。

无锡因运河而生，因运河而兴，因运河而忧，因运河而欢。运河文化精神是城市发展的内生动力。可以说，大运河无锡段正是中国大运河的一大缩影，它见证了运河的变迁、功能的活化，全面展示了运河保护传承利用的发展历程。2008年建成开放的运河公园，是无锡建设的大运河国家文化公园，为中国大运河国家公园建设作了实践性探索。

永续利用大运河、活态利用运河文化遗产，让工商名城无锡成为中国第一个世界工业遗产地、让徐霞客从运河出发的游线成为世界线性文化遗产、争取中国运河第一撬伯渎河成为世界文化遗产，我们仍需继续努力。

讲好无锡是中国大运河变迁的见证者、大运河保护传承利用的先行者，增强无锡人的文化自信，提升城市能级，是我的初衷；能为永续利用大运河及建设大运河国家文化公园，提升国家文化软实力作出无锡贡献，是我的心愿。

孙志亮
2022年4月于无锡思齐斋

目 录

上编　大运河变迁的见证者 ... 001

第一章　先有伯渎河，再有大运河 ... 003
　　第一节　中国运河第一撬——伯渎河 ... 006
　　第二节　运河是人类文明的产物 ... 009
　　第三节　江南运河网——世界早期的运河水系之一 ... 011
　　　　　　江南运河网的形成 ... 012
　　　　　　吴古故水道——由伯渎河延伸的古老运河 ... 015
　　第四节　吴国大运河——最早的中国大运河 ... 018
　　　　　　古江南运河——吴古故水道的改道和拓展 ... 018
　　　　　　吴国大运河与邗沟 ... 021
　　第五节　无锡是大运河必经之地 ... 024

第二章　因大运河而生而兴的城市 ... 031
　　第一节　无锡因运河而生 ... 031
　　　　　　先有伯渎河，后有泰伯城 ... 031
　　　　　　先有闾江，后有阖闾城 ... 033
　　　　　　先有古运河，后有无锡城 ... 036
　　第二节　运河与城市的相生相伴 ... 037
　　　　　　从"傍城而过"到"穿城而过" ... 037
　　　　　　既"穿城而过"又"环城而过" ... 042
　　　　　　从古运河"穿城而环"到新运河"绕老城而过""穿中心城而过" ... 049

第三节	运河是无锡的黄金水道	**050**
	由吴市到望县	**051**
	由产粮大县到漕运要地	**053**
	由"小无锡"到"小上海"	**057**
第四节	城市与运河的相依共生	**064**
	疏浚河道	**064**
	修筑堰、闸	**065**
	修建桥梁	**065**
	建驿道、设驿站	**066**
	修筑塘岸	**067**
	驻军保护	**068**

第三章　大运河是流动的博物馆　　**071**

第一节	无锡北塘运河码头——游圣徐霞客旅行起讫之地	**071**
第二节	康乾南巡每次从运河来无锡	**078**
第三节	众多运河之最凸显无锡特色	**084**
	无锡米市——运河中最大的米市	**085**
	北塘香灯——运河中最大的灯会	**087**
	蓉湖竞渡——运河中最大的龙舟赛	**089**
	清名桥水弄堂——运河最佳处	**091**
第四节	丰富多彩的运河文化	**094**
	码头文化	**094**
	工商文化	**097**
	孝悌文化	**102**
	侠义文化	**104**

下编　大运河保护传承利用的先行者 　　107

第四章　保护大运河的无锡实践 　　109
第一节　开挖、保护、改造、治理大运河 　　110
开挖大运河 　　110
保护大运河 　　113
提升改造大运河 　　118
从治水到创新"河长制" 　　123
第二节　1983年在国内率先编制古运河保护规划并不断完善 　　129
第三节　曲折的运河保护实践 　　134
第四节　保护运河的社会民间力量 　　142

第五章　大运河传承利用的无锡贡献 　　147
第一节　从世界看中国大运河 　　147
第二节　保护中传承运河文化，传承中保护利用运河 　　152
第三节　1980年开启的无锡"古运河之旅"让世界更好地了解中国大运河 　　158
第四节　2006年4月通过的《无锡建议》拉开了中国工业遗产保护序幕 　　163
第五节　运河文化精神是城市发展的内生动力 　　168

第六章　永续利用大运河的无锡探索 　　175
第一节　永续利用运河，展示城市形象，方便百姓生活 　　175
第二节　活态利用运河文化遗产 　　182
2003年建成的江尖公园——无锡首座古运河中的公园 　　182
2004年始建北仓门文创园区——开启了运河工业遗产修缮利用的新途径 　　187
2007年利用茂新面粉厂工业遗址——建设无锡中国民族工商业博物馆 　　193

		2008年对外开放的运河公园——无锡建设的大运河国家文化公园	195
	第三节	以运河文化提升城市发展的软实力	198
		精心组织水上游，全面展示运河文化	199
		深度挖掘提炼运河文化	201
		充分利用运河打造山水城市特色	205
	第四节	丰富世界文化遗产，提升城市能级	208
		争取伯渎河成为世界文化遗产地	209
		以徐霞客游线申报"世界线性文化遗产"	211
		让中国工商名城成为中国第一个世界工业遗产地	213

参考文献 — 221

后记 — 223

上编 大运河变迁的见证者

第一章　先有伯渎河，再有大运河

　　大运河无锡段，北自玉祁五牧入境，斜贯全城，南至新安沙墩港出境，总长41.5千米。大运河无锡段形成于春秋、发展于隋唐、兴盛于明清，流淌着许多"无锡故事"，直到今天依旧发挥着重要的航运功能。千百年来，以大运河（无锡段）为主干、由锡澄运河、伯渎河、梁溪河等支流共同组成的无锡大运河水系，一直守护着古老的无锡城（图1-1、图1-2）。无锡工商业繁荣于斯，无锡居民生长于斯，无锡文脉孕育于斯……大运河使无锡由一座小县城，发展成为2021年全国大中城市中人均GDP排名第一的城市。

图1-1　中国大运河无锡段（马超 绘）

保护 传承 利用 | **中国大运河** 依河而生 因河而兴 工商文化历久弥新 运河精神生生不息

图1-2 中国大运河无锡段

早在3200多年前的商代末期（根据夏商周断代工程测定的年代，武王灭商为公元前1046年），勤劳智慧的无锡百姓就在从中原周部落奔来江南的泰伯带领下，开挖了中国第一条人工运河——伯渎河（又称泰伯渎、太伯渎、伯渎港，简称伯渎）（图1-3）。民国著名水利学家武同举经考证指出：*"征诸历史，最古为太伯渎。"* 就国内运河而言，这条运河比有观点认为的中国第一条人工运河邗沟、胥河、吴古故水道均早600年左右，比隋运河早1700多

上编 大运河变迁的见证者 | 第一章 先有伯渎河，再有大运河

年，比元运河更早2400多年。

从全世界范围来看，古巴比伦王汉谟拉比在公元前18世纪左右开凿的基什—波斯湾运河被普遍认为是人类第一条运河，也有人认为古埃及第十二王朝赛索斯特里斯二世在公元前19世纪开挖的尼罗河—红海运河更为古老，不过大多数古希腊历史学家认为这条运河直到大流士一世时期（公元前550—前486年）才真正开通，远远晚于伯渎河，伯渎河是人类早期文明开挖的人工运河之一。

保护 传承 利用 **中国大运河** 依河而生 因河而兴 工商文化历久弥新 运河精神生生不息

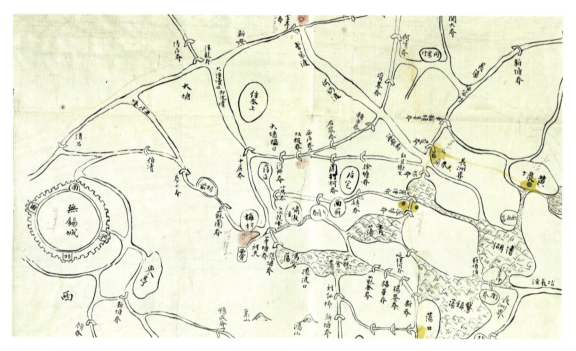

图1-3 咸丰至同治初期无锡城与伯渎河（大英图书馆藏）

人工运河工程规模浩大，在生产力较为落后的古代往往很难顺利完成，即使对一些强大的帝国来说，也并非说干就能干成的。比如，公元67年，古罗马皇帝尼禄曾一度尝试在希腊挖掘连通爱琴海和伊奥尼亚海的运河，但仅仅开始一年后就停工了，直到19世纪末才恢复施工，建成了科林斯运河。

在遥远的商代，开通伯渎河实属不易，展现出无锡先民伟大的智慧和创造的力量。

第一节 中国运河第一撬——伯渎河

伯渎河作为无锡大运河水系的一部分，自清名桥向东，流经梅村、鸿山至与苏州交界的漕湖，全长24.14千米，河底宽6米，水深1.4米，由勾吴国始祖泰伯带领百姓为发展农业、兴修水利所开挖。

一般认为吴王夫差开凿的邗沟是中国最

早的运河。但从相关文献记载的时间上看，不管是楚庄王时代的荆汉运河、巢肥运河，还是夫差之父阖闾开掘的胥溪（胥河），可能都早于邗沟。伯渎河则比这些运河还要早600年左右。于是，又有观点指出，邗沟是中国大运河最早的一段，理由是邗沟与今天的大运河重合度较高，而荆汉运河、巢肥运河、胥溪等并不在大运河附近。但伯渎河与这些运河不同，它虽然没有与大运河河道完全重合，但和大运河紧紧相连、唇齿相依。

历代大运河的河道走向并不是完全一致的。大运河的历史是一个发展的过程，就像中国是由区域、局部的统一走向全国统一一样，大运河也是由流经区间、区域的运河发展为全国性的运河。因此，为大运河发挥重要作用的支脉、干流运河从广义上讲显然是大运河历史的一部分。

泰伯在梅里一带始开伯渎河，经过历代无锡先民前赴后继的努力，逐步形成了"一渎九泾"："一渎"即伯渎河，"九泾"即界泾、香泾、龙泾、洋泾、梅泾、啸傲泾、毛家泾、鸭沙泾、跨长泾这九条伯渎支流。这个水系一端连接漕湖（当时称蠡湖、巢湖），另一端通过梁溪河连通了太湖，具有沟通两大水系的区域性河道特征，不仅能服务当地农业和居民生活、支撑区域交通运输，还具有地区间水量调节的积极作用，具备了运河的基本要素。

最早关于伯渎河的记载，是东汉永兴二年（154年）吴郡太守糜豹撰写的《泰伯墓碑记》："（泰伯）筑城郭以为藩卫，穿浍渎以备旱潦。"说的是，泰伯带领无锡百姓修筑城郭作为守卫的屏障，挖通田间沟渠用以旱季灌溉。清吴存礼《梅里志》称伯渎河"盖农田灌溉之通渠，亦苏锡往来之通道也"。可见，泰伯开掘的并不是田地里的阡陌沟渠，而是具有防洪排涝、农田灌溉和运输功能的人工运河。

历史文献中对伯渎河的第一次明确记载，是北宋初期著名地理总志《太平寰宇记》，书中提到："伯渎河。西带官河，东连范蠡渎，入苏州界。湮塞年深，粗分崖岸。唐元和八年，刺史孟简开浚之，并导蠡湖，长八十七里，广十有二丈。溉田千顷，自后是渎谓之孟渎，蠡湖谓之孟湖""又三渎乃泰伯所开"。南宋咸淳《毗陵志》也予以印证，该书引《太平寰宇记》云："吴泰伯庙，在县东南五里，临伯渎河。太伯渎在县东南五里，西枕运河，东达蠡湖。孟简尝浚导，袤六十七里广十有二丈。渎乃泰伯所开。"

明代大学士王鏊在《重修泰伯庙记》中认为："又考泰伯在邑，不独筑城，间尝潴渎，历景云、泰伯、梅李、随庆四乡，东入蠡湖，长八十七里，广十有二丈，即今所谓伯渎是也，有桥跨渎上，即名伯渎桥。当季开之以备旱涝，一方居民，始得粒食。唐元和八年刺史孟简重濬之，改称孟渎。"指出，伯渎河乃泰伯所开，古已有之，唐代元和八年（813年），刺史孟简疏浚了淤塞的孟渎和伯渎河，使之畅通。

元至正王仁辅《无锡志》对泰伯开渎有了更为详尽的描述："此渎始开于太伯，所以备民之旱涝，民德太伯，故名其渎，以示不忘。渎上至今有泰伯庙。"此外，明弘治《重修无锡县志》、明万历《无锡县志》、清乾隆《无锡县志》等方志都肯定了元至正《无锡志》的记载。明代官修地理总志《大明一统志》、清康熙二十二年（1683年）两江总督赵宏恩等监修的《江南通志》、清顾祖禹《读史方舆记要》、民国武同举《江苏水利全书》等地理著作也都有相关记载。

近几年来，在对伯渎河沿岸梅里遗址的考古中，发掘各类遗迹近200处，获取和修复文物标本100余件，判断该遗址跨越商代至春秋，带有中原文明元素，与历史文献记载相符。2018年8月，受江苏省文物局委托，无锡市文化遗产保护和考古研究所在今梅村泰伯庙附近的伯渎河两岸施工区域进行了考古勘探，

图1-4　2019年12月28日，来自全国各地的专家学者普遍认为泰伯开渎是"中国运河第一撬"，作者在会上说："要加强对伯渎河的研究，搞清伯渎河和大运河之间的内在关系"

首次发现面积达6万平方米以上的商周时期历史遗存，经碳14测定，遗址最早年代距今约3500年，历经西周、春秋至明清时期。经过综合分析判断：伯渎河属于人工运河，开凿年代距今约3500年，在商代晚期已经开始被利用。

2019年12月28日，无锡市吴文化研究会在梅村举办"中国运河第一撬研讨会"，来自全国各地的专家学者普遍认为，从泰伯奔吴到伯渎河开凿，是中国运河历史的开端（图1-4）。伯渎河之所以被宋代以前的史界忽视，主要是由于规模、影响不如邗沟。从泰伯开渎到隋炀帝开运河，历经千余年，中国运河体系才逐步形成。伯渎河显然应是大运河历史的一部分，泰伯开渎是"中国运河第一撬"。

第二节　运河是人类文明的产物

运河的开凿、引水、蓄水、防灾等工程，体现了人类利用自然环境、努力生存的顽强生命力，浓缩着人类不断学习、超越、攻坚克难的技术、心血与努力。在古代，运河更是先进生产力的重要代表。上古时代，要实施一项大型工程往往需要举一国之力，前文讲到的尼罗河—红海运河，反反复复经历了上千年才修筑成功。运河作为上古时期施工难度很高的大型工程，假如没有文明的基础、较高的生产力水平，是不可能完成的。

从考古发现看，早在距今6000～7000年的新石器时代中期开始，分布无锡四方的鸿声彭祖墩、新渎庙墩、葛埭桥庵基墩和玉祁芦花荡等地，均有原始氏族的聚居点，先后属于马家浜文化、崧泽文化、良渚文化和马桥文化的无锡先民在这些土地上劳动、生息、繁衍，以自己的聪明智慧和辛勤劳动，创造和丰富了太湖流域辉煌的远古文化。

特别是在距今5000多年前的无锡仙蠡墩崧泽文化遗址，发掘出台地聚居、水稻种植、陶器制作、种桑养蚕等相关遗迹，在距今3000多年前的无锡佘城遗址中，不仅挖掘到原始瓷器和青铜锛、镞，还发现了青铜器的冶炼工具——挹铜陶勺，标志着无锡跨入了早期青铜时代。这些都表明，早在三皇五帝之前，吴地就已不是贫瘠之地，吴地之民也绝非蛮人。考古学家卫聚贤在《吴越释名》中指出："**吴字即鱼字**"。吴地先民靠太湖之水为生，以鱼为重要的生活资料，"鱼"成为了他们的图腾，进而把"吴"作为本部落的名称，形成了与中原类似的文明聚落。

泰伯（图1-5）是商代晚期（公元前12世纪）陕西岐山周原一带周部落人，父亲古公亶父（即周太王）生有三个儿子，分别是长子泰伯（一名太伯）、次子仲雍（一名吴仲、虞仲）、幼子季历，季历生了后来的周文王姬昌。古公亶父晚年，觉得姬昌很有才能，想立季历为首领再传位给姬昌。泰伯、仲雍知道后，决意让位。带着一些族人向东南方向迁徙。据史书记载，他们南迁荆蛮后断发文身、融入乡里。古公亶父病逝后，泰伯、仲雍回周奔丧，让贤给季历继承父位。之后，季历被商王杀害，泰伯又返回吊唁，再次让位给姬昌，最后定居在梅里（今无锡新吴区梅村）一带，将中原文化传播到吴地，与当地文化相融合，形成了吴文化的雏形。

泰伯奔吴前的聚居地周原是一块风水宝地。周人重视阴阳之说，泰伯千里南下，也想

图1-5 泰伯画像　　　　　图1-6 泰伯开发江南（运河公园《运河无锡图纪》中的汉白玉浮雕）

寻找一块符合易经之道的区域。《史记》云："荆蛮义之，而归之千余家，立为吴泰伯。"上古水患频现的江南地区，东近大海、南抵百越，属于中原人认为的陆地边界。在这一区域内，梅里是一块露出水面较完整的陆地，整体自然条件在当时的江南来说算是比较好的，这吸引了从中原来的泰伯。同时，梅里自古一直是风水学家青睐之地。集唐宋以前堪舆学大成的《钤记》认为，无锡境内，有吉壤二十余处，或出王侯将相、或葬王侯将相，以鸿山泰伯墓居第一。泰伯开凿伯渎河贯穿鸿山丘陵，其实也是效仿先祖公刘"相其阴阳，观其流泉""逝彼百泉"。

泰伯将中原文明融入吴地，带领百姓兴修水利、发展农耕、栽桑养蚕、制陶冶铜，特别是为解决水患，开挖伯渎河，为无锡先民带来福祉（图1-6）。《吴越春秋·吴太伯传》对此描述道："数年之间，民人殷富。"在无锡东部北周巷出土的春秋早期的精美铜簋、青铜斧，就反映了这一带先民在春秋之前就已经较为熟练地掌握了青铜冶铸技术。

伯渎河流域地貌复杂，开掘运河在水流引导、工程排水、岸基加固等方面的难度要大大超过其他地区。泰伯生活的梅里一带地势较高，属于运河开凿的难点区域。起初的伯渎河并不长。之后，又通过几代无锡先民的接续奋斗，在泰伯开挖的"中国运河第一撬"基础上，贯通形成了今天我们所见到的伯渎河，推动了无锡地区的发展。代表中国大运河起源的伯渎河运河工程，好比埃及金字塔和巴比伦空中花园等著名的古代工程，是人类文明的奇迹之一。

图1-7 无锡梅里古镇

伯渎河的贯通，推动了当地文化与中原文化的融合，提升了地域文明水平，诞生了吴文化。以梅里为核心的地区，成为吴部落的主要活动圈。吴部落被周王朝封为诸侯国后，开启了吴国的统治。在吴王诸樊（6世纪中期）迁都苏州之前，无锡梅里（图1-7）一直是吴国都城，在长达600多年的时光里，吴国通过长期的兴修、疏通、保护，形成了便利的运河交通，大大促进了当地的经济社会文化发展（图1-8）。

第三节 江南运河网——世界早期的运河水系之一

纵观世界，无论是古代埃及，还是古巴比伦、古波斯等早期人类文明，都曾经开挖过运河，比如，古巴比伦基什—波斯湾运河、古埃及尼罗河—红海运河沟通了当地主干河流和大海的水上交通。再如，古埃及开凿的巴约瑟夫运河将尼罗河水引入洼地，形成了著名的

保护 传承 利用 **中国大运河** 依河而生 因河而兴 工商文化历久弥新 运河精神生生不息

图1-8 无锡梅里遗址博物馆

法尤姆绿洲。由于这些运河是各个时期统治者在各自不同的目的下开凿的，并没有形成系统的运河水系。

江南地区自古水资源极为丰富，但地质条件又造成了大型天然河流较少，小型河湖港汊星罗棋布、相互交错，这些河湖之间的连接路径十分繁杂，对不熟悉地形者而言如同迷宫一般，舟楫航行其间，往往难以分辨方向。清代文人吴养浩曾指出："苟无舟楫乡道，则荒丘侧岸，细港深泥，一入其中，东西莫辨。"因此，开凿运河可以沟通江南繁多而又无序的河汊，起到纲举目张的作用。

吴人因地制宜，有计划地开挖、疏浚了无数运河，构成了遍布吴国全境的早期江南运河网，一定程度上降低了长期困扰江南的水患影响，灌溉了无数良田肥土，方便了吴国各地的交通运输，促进了农产品和手工产品交流，推动了文化交融和信息沟通，繁荣了这片富饶之地。

江南运河网的形成

从商末到春秋，吴国在泰伯及其后人的治理下，历经600多年发展，逐渐崛起。到春秋末期，传到吴王寿梦时，国力已有了十分坚实的基础，开始谋求对外扩张，原有的运河已经无法满足输送兵力和物资的需求，亟须开拓更大的运河水网。

上编 大运河变迁的见证者 | 第一章 先有伯渎河，再有大运河

图1-9 江南运河网（马超 绘）

随着冶铁技术的发展，从寿梦时代开始，吴人开始大量使用铁制工具开凿、疏通运河水系，形成了以位于吴国中心地区的伯渎河为核心的运河网，向西有连接楚国的胥溪、向东有进入大海的胥浦、向南有沟通越国的百尺渎、向北有通往中原的邗沟，在中间则有贯通全境的吴古故水道，还有解决阖闾城运输问题的双河和间江等大量运河（图1-9）。

胥溪又称胥河、胥溪河，是阖闾（图1-10）于周敬王十四年（公元前506年）命伍子胥开凿的，从苏州胥门出，经太湖过宜兴荆溪，通过古丹阳湖，进入长江。吴国可以循这条运河到达长江边，渡江经濡须口入楚，大大缩短了水运路程，也避开了江上的风涛之险，为伍子胥伐楚取胜起到了重要作用。由于这条河地势西高东低，伍子胥为其设计了五条堰坝，以达

保护 传承 利用 **中国大运河** 依河而生 因河而兴 工商文化历久弥新 运河精神生生不息

图1-10 吴王阖闾像

图1-11 伍子胥像

到"挽拽轻舟"的目的。

胥浦是夫差于周敬王二十五年（公元前495年），命伍子胥（图1-11）开凿的从太湖通向东海的运河，是吴国开展海运的运输通道，同时也有利于太湖泄海排涝。《读史方舆纪要》载："胥浦塘府南四十里。相传子胥所凿。其源自长泖而东，会诸泾港之水，北流会于潢潦泾。"

百尺渎又称百尺浦，是阖闾从由拳（今浙江嘉兴）到淛江（古钱塘江）北岸河庄山（今浙江省海宁县盐官镇西南）开挖的一条作为对越作战粮道的运河。《越绝书》载："百尺渎，奏江，吴以达粮。"伍子塘位于浙江嘉善境内，南通胥山，北达西陆港，长二十七里，相传伍子胥辅佐吴国，兴水利，通盐运，为富国计，始凿此河。

据清光绪《无锡金匮县志》县境全图和水利卷显示，无锡西部有一条东西向的"双河"（图1-12），东接大运河，向西流经钱桥、洋溪、藕塘桥，在稍塘营桥一分为二。一支较短的向西经盛店桥，穿直湖港，经新渎桥和阳山，流入阳湖，叫北邗沟，长三千丈，底阔一丈五尺，支河三十九。这条运河与《越绝书》中吴古故水道"上历地，过梅亭，入杨湖"的走向吻合，是吴古故水道的一部分。另一支较长的则自稍塘营桥继续向南流，经张舍到胡埭

图1-12 光绪《无锡金匮县志》中有关双河的介绍

附近,再折向西北穿过直湖港,经陆区桥流入阳湖,叫南邘沟。南邘沟在胡埭一带与通阖闾城的闾江交汇,使阖闾城与吴古故水道相连。在古代,吴人正是通过这条通道为阖闾城提供给养和输送人员。

这些运河与吴国早期开挖的仅仅满足于短途运输、排涝、灌溉之用的运河不同,它们还具有远距离、大规模输送物资和开展军事训练等政治、军事功能。这些不同时期开挖的大小运河,共同构成了江南运河网。这一运河水网将运河的线状功能提升为网状动能,促进了吴国城乡之间的互动、协同。沿海的食盐和海产、内地的农产品和手工业品等不再仅仅服务本地区,而可为流域服务,提升了农业、渔业和手工业加工的深度,促进了吴国生产力水平的提升,推动了江南地区经济文化社会发展。

吴国编织形成的以无锡伯渎河为主干河流的江南运河网,是世界上最早的运河水系之一。

吴古故水道——由伯渎河延伸的古老运河

江南运河网的主干河流是由伯渎河向两侧延伸的吴古故水道。《史记·河渠书》云:"江淮之间,于吴则通渠三江五湖""此渠皆可行舟,有余则用溉浸,百姓飨其利。"这里的"通"和"渠"即为《越绝书》所称吴古故水道。如果说,伯渎河是第一条"农田灌溉之通渠,往来之通道",那么吴古故水道就是流经整个江南东部地区、连接大海与长江的黄金水道。

吴王寿梦时期(公元前585—前561年),吴国就已开挖吴古故水道,并经此河向北方扩张。辽宁旅顺博物馆收藏了一件吴国青铜器"冉钲","冉"即吴王寿梦的别名,"钲"是先秦一种古乐器,形似钟而狭长,有长柄可执,以物击之而鸣,是古代行军作战时"鸣金"所敲打的器具之一。据"冉钲"铭文反映,寿梦曾派人制作了冉钲和敲棍,指挥水军船只巡游通过江淮一带各水系,并派遣步兵登陆作战,讨伐了楚国的附属国巢国(今安徽巢湖）、徐国（今江苏泗洪），兵锋直指宋国东北的孟渚泽（今河南商丘县东北）。吴地与江淮间自古并无自然水道连接，寿梦能够自由穿梭这一区域，显然已经有运河勾连其间。据《左传》记载，鲁襄公十九年（公元前554年）鲁国曾赠送晋国荀偃"吴寿梦之鼎"，也表明吴国的大型礼器已经交流到北方国家，进一步证明吴鲁间有较便捷的运河交通。

《越绝书》载："吴古故水道，出平门，上郭池，入渎，出巢湖，上历地，过梅亭，入杨湖，出渔浦，入大江，奏广陵。"其中，平门即苏州北门，郭池为苏州护城河，渎指射渎、通向苏州西北的长荡，巢湖即漕湖，历地指无锡，梅亭即梅里，杨湖即阳湖（芙蓉湖西南），渔浦即江阴利港，广陵即今扬州西北蜀岗。也就是说，这条水道由苏州出发西北向经漕湖而西入芙蓉湖再由利港进入长江到达扬州，在无锡境内约有150余里，占总长度的3/4以上。

当时，包括延陵（今常州）、朱方（今镇江）等都是吴国领土范围，但受常镇丘陵所阻，以当时的生产力水平，在这些地区开通河渠相当困难。苏州西北的沼泽湖荡区和无锡常州一带的芙蓉湖，航道开、疏、挖都较为方便，唯独梅里到无锡段与常镇丘陵一样地势较高，开挖不易。所幸有从泰伯开始经几代人辛勤开拓而形成的伯渎河可以利用。我们不难发现，假如之前没有伯渎河，吴古故水道无法形成沟通江北江南的格局。这条线路的选择是吴国因地制宜、充分利用已有运河的成功创举。

吴古故水道（图1-13）是以伯渎河为基础向两侧湖区延伸而成的，是后来夫差开发的"古江南运河"以及隋唐"江南运河"的前身。隋唐大运河开通后，这条古老水道仍在发挥积极的作用。据史料记载，南宋初年，为防止金兵南下，大运河一度淤塞。兵燹稍歇，金国使者便南下交涉，此时隋唐运河已不能通行，只有吴古故水道仍有一定的通航能力，使臣便循此向东入海，从海上进入临安。

吴古故水道除了苏州到江阴的北段，还有从苏州到绍兴一带的南段，这段运河是吴国通向越国的重要通道。《越绝书》即云："吴古故从由拳辟塞，度会夷，奏山阴。辟塞者，吴备候塞也。"《水经注》曰："浙江又东经柴辟南，旧吴越战地，备候于此，故谓之辟塞。"《汉书·地理志》"会稽郡由拳县"一条有载："柴辟，故就李乡，吴、越战地。"表明吴古故水道从由拳（今浙江嘉兴）柴辟附近一座备候越国来犯的要塞"辟塞"（今浙江桐乡西南）出发，渡过汇入大海的河流（即古

图1-13 吴古故水道（马超 绘）

钱塘江），到达越地会稽（今浙江绍兴），上文提到伍子胥开通的胥浦、百尺渎、胥塘等都是吴古故水道南段的组成部分。

其中，过钱塘江后的运河即"山阴故水道"，是吴越争霸时代开通的一条从越都会稽（今浙江绍兴）到今浙江上虞东关练塘村的运河，也是今天浙东运河（杭甬运河）的前身。《越绝书》云："山阴故水道，出东郭，从郡阳春亭，去县五十里。"由此可见，吴古故水道南段连通了吴都到会稽一带，是吴国江南运河网向越国的进一步延伸。

第四节　吴国大运河——最早的中国大运河

从泰伯带领吴人挖掘伯渎河的第一撬开始直到吴国灭亡，在长达700多年的时间里，吴国从未停止过建设运河。从世界范围来看，在同一时期或更早时期，如此重视运河建设，是绝无仅有的。在江南一带建成的运河水网系统，为吴国水利、交通、经济等方面的发展起到了积极作用。

特别是吴国最后一任君主夫差时期，吴国疆域不断扩张，由今浙江北部到江苏北部呈狭长状分布，亟需一条贯穿统治区域的南北向运河，以确保对沿途地区的征粮敛赋和全面控制。为此，夫差进一步拓展了吴古故水道，形成了"古江南运河"，并开通了沟通长江、淮河两大水系的邗沟，进而通过泗水北上，开挖了宋鲁之地间的运河菏水，沟通济水，连接黄河。形成纵横中国东部地区的水运网络，沟通了钱塘江、长江、淮河、黄河四大河流，以及太湖、古芙蓉湖、古丹阳湖、古射阳湖、古巢湖等重要湖泊，同时也能通往大海。借助这一运河网，吴人训练出一支驰骋于江河湖海之间的强大水军，为吴国在春秋群雄的争霸中频频取胜立下了战功。

吴国大运河（图1-14）从黄河流域经菏水运河到淮河流域、再经邗沟运河到长江流域、再经古江南运河到吴国都城、再经胥浦、百尺渎等吴古故水道南段运河到钱塘江流域、再经山阴故水道到越国都城，与后来隋唐运河黄河以南部分基本一致，特别是淮河以南部分，更是被隋唐以来的大运河基本延用。可以说，吴国大运河正是最早的中国大运河。

古江南运河——吴古故水道的改道和拓展

今天，我们讲到江南运河、江南河，一般是指北起镇江、南迄杭州的大运河南段，分

图1-14 吴国大运河（马超 绘）

徒阳运河、苏常运河、苏嘉运河和杭嘉运河四个河段，纵贯整个太湖平原。同时，也用来特指隋唐大运河的最南段，即北起长江南岸京口（今镇江），经云阳（今丹阳）、毗陵（今常州）、无锡，绕经吴郡（今苏州），过杭嘉湖平原到达钱塘江边进入越地，全长800余里的运河水道。今天的江南运河是隋唐江南运河的延续，其前身就是春秋时吴国开通的古江南运河和吴古故水道南段。

古江南运河与吴古故水道有重合的部分，但并不是同一条运河。当代地理学家褚绍唐经研究认为："早在春秋时期的吴国，就开凿了自苏州经望亭至孟河的通长江的河道。"据清乾隆《江南通志》载："运河在府南，自望亭入无锡县界，流经郡治西北，抵奔牛镇，达于孟河，行百七十里。"明《苏州府志》、民国武同举《江苏水利全书》《江苏省志·水利志》等书均持此说，认为此河即后来被称作常州府河（今苏常运河）的运河，自今苏州，经望亭、无锡、常州，至常州奔牛接孟河，入长江，长170余里。

古江南运河从姑苏出发，至武进西面的奔牛后入孟河，经孟河入长江。而吴古故水道则是从会稽出发，经武进东部与无锡交界的阳湖，至渔浦入长江。明永乐《常州府志》对渔浦的记载很清楚："利港，（江阴）县西五十里。按《四番志》：本名'渔浦'，因渔得利，故名。"孟河口距离利港有60里远，奔牛与阳湖之间也相距百里，很显然存在两条运河。

公元前496年，夫差（图1-15）接任吴王后，立下雄心壮志，准备大举北伐齐国。民国历史学家陈梦家先生在《禺邗王壶考释》中就指出，夫差兴师伐齐之前，必须做大量准备工作，其中开河掘沟以通运道，便是一项十分重要的工程。当时，已有的吴古故水道规模较小，航运能力不足，且渔浦段长江水流湍急、距离扬州又较远，航行安全性较差，满足不了大规模运送兵员粮草的需求。

因此，夫差决定在吴古故水道基础上拓挖一条江南运河。周敬王二十五年（公元前495年），吴王夫差开河通运，从苏州经望亭、无锡至奔牛镇，达于孟河。这运河与吴古故水道北段起讫地点相同，只是中段到达无锡芙蓉湖后，河道入江的线路改变，规模有所扩大、距离有所拉长。这样的流向，不再经过漫漫芙蓉湖，而是穿过今天常州北部的平原，入江口也更靠近通往中原的邗沟、邗城的运河，可以更快捷方便地进入邗沟。夫差所开的古江南运河实际上属于对吴古故水道的改道和拓展。

图1-15 吴王夫差像

古江南运河与吴古故水道的走向都呈"L"形状,一条在芙蓉湖转弯向北至渔浦入江,一条则在奔牛附近转弯向北至孟河口入江。从地形上看,奔牛以西以丘陵地貌为主,挖掘困难,吴人便因地制宜地借用这一带南北向的水域进入长江。

这两条修建时间相隔不远的运河先后出现,说明了当时的人们已经可以熟练地借助平原上的各类河湖构建所需的运河水系,但仍要尽量避开一些地形复杂、开挖难度大的地区。无论是古江南运河还是吴古故水道,都绕不开伯渎河,这条开挖不易的古河为后世吴人连通南北起到了关键作用。

吴国大运河与邗沟

《左传·哀公九年》载:"吴城邗,沟通江淮。"公元前494年,夫差在夫椒击败来犯的越军,迫使越国臣服后,认为已无后顾之忧,决定挥师北进中原争霸。鲁哀公九年即周敬王三十四年(公元前486年)秋,夫差下令在今扬州市西北的蜀冈尾闾一带修建邗城,并在长江北岸开凿运河,这条运河就是邗沟,《汉书》称渠水、《水经》称中渎水、《春秋左氏经传集解》称韩江、南朝《芜城赋》称漕渠、《水经注》称韩溟沟,自邗城北流过高邮县西,折向东北,越过博芝、古射阳湖后,又改向西北至末口入淮,全长370里。南朝诗人谢灵运《西征赋》云:"贯射阳而望邗沟",邗沟之名始见文字记载,因与《左传》记载相似,被后世沿袭。邗沟是古江南运河在长江以北的延伸部分,代表着吴国大运河水系沟通了淮河流域(图1-16)。

两年后,夫差又在邗沟基础上再向北延伸,掘"深沟"。《国语·吴语》云:"十二年,遂伐齐""吴王夫差既杀申胥,不稔于岁,乃起师北征。阙为深沟,通于商、鲁之间,北属之沂,西属之济,以会晋公午于黄池。"指出对这条运河为伐齐所建,连接沂水和济水,夫差可以从吴都出发,沿吴国大运河

保护 传承 利用 **中国大运河** 依河而生 因河而兴 工商文化历久弥新 运河精神生生不息

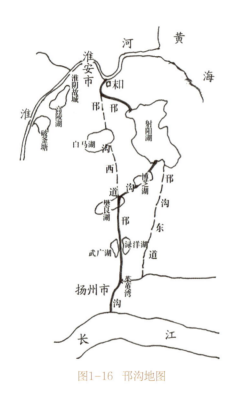

图1-16 邗沟地图

进入深沟,直达黄河流域的黄池(今河南新乡封丘)。据《禹贡》《水经》记载,这条水道从今山东定陶县东北连接济水的菏泽,引水东南流,入于泗水,因其水源来自菏泽,后世即称"菏水"。菏水的开辟,沟通了淮河的支流泗水与其上游紧邻黄河的济水,首次将淮河流域与中原联系起来。周敬王三十六年(公元前484年)五月,鲁会吴攻齐,夫差率大军由古江南运河进入邗沟入淮,循泗水入菏,再由菏入济,由济入汶水,在艾陵登陆大破齐军。两年后,夫差再次率军沿此路线到达济水岸边的黄池(今河南封丘县西南),与晋定公会盟。这条运河代表着吴国大运河连接了黄河流域。

从历代典籍中我们不难发现,吴国大运河以长江为界,在南称江南河,在北则称邗沟。但自宋代以来,对邗沟多有一些不同的说法。北宋元丰朱长文纂《吴郡图经续记》称:"苏常运河为古邗沟。"南宋咸淳《毗陵志》则认为:"实则古邗沟乃淮扬间运河,与江以南运河无涉也。"然而此书卷十五《沟》部又说:"邗沟在郡城(常州)内。"明代水利专家张国维所著《吴中水利全书》列无锡县图中也有"邗沟",文字部分记载无锡县境内运河支流双河分支为"南邗沟""北邗沟",明、清县志对此都有记载。更有趣的是,清光绪《无锡金匮县志》水利卷也在"邗沟"条下加按语称:"自北控江门入至,出望湖门,长五百九十丈,底阔三丈三尺(图1-17)。案:此即城中直河,其谓之邗沟者,盖直河为运道,而《吴郡图经续记》以苏常运河为古邗沟。实则古邗沟乃淮扬间运河,与江以南运河无涉也。"前半段说明城中直河为运河河道,称"邗沟",后半段却沿用咸淳《毗陵志》的说法,否定了邗沟说,前后矛盾。

之所以会出现这样的矛盾,主要是"邗

图1-17 《无锡金匮县志》中关于邗沟的介绍

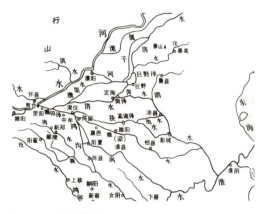

图1-18 菏水地图

沟"历来有大小概念之分,"大邗沟"即吴国大运河的总称,包括黄河江淮之间的运河和古江南运河。"小邗沟"则如咸淳《毗陵志》所说,仅指江北沟通江淮之间的邗沟。

为什么会有大小邗沟之分呢?由《左传》中"吴城邗,沟通江淮"的说法,说明确实有一条沟通江淮的运河,后世称为"邗沟"。晋代学者杜预著《集解》云:"(吴)于邗江筑城穿沟,以通江淮,东北通射阳湖,西北至末口入淮,通粮道也。"说明邗沟是长江、淮河之间作为粮道使用的。那么,粮从何来?自然是从长江以南。否则何须"沟通江淮",通到长江以北的粮区即可。那么,长江以南的粮食如何运抵邗沟入口?当然也是通过水运,显然,在江南也有一条与邗沟对接的运粮河,从前文看,我们不难得出这条运粮河就是古江南运河的结论。用"邗沟"代指江北的"小邗沟",与古江南运河、菏水(图1-18)、吴古故水道南段共同组成的吴国大运河粮道,形成"大邗沟"的概念自然也就合情合理了。

同时,《说文》载:"邗,国也。今属临淮。从邑原本为干。一曰邗本属吴。"《辞海》称:"邗,古国名,在今江苏省扬州东(西)北,也作干。春秋时为吴所灭,成为吴邑。"干,本含涯岸、水边之义,先秦时代一些位于水边的部落常被称为"干"。"干"加偏旁"邑"即为"邗",因吴灭邗国,故古籍中有时也称吴为"干吴","邗"有时也代指吴国。清孙诒让《墨子间诂》云:"干,邗之借字。吴、干本二国,后干为吴所灭,遂通称吴为干。"这样的例子在春秋时期也不是独一份，发源于鄱阳湖边百越部落一支干越，曾建立方国"干国"。干越后为吴所灭，归入吴地，亦称"干吴"。因此，"邗沟"并非只指邗城附近的运河，也代指吴国大运河。由此可见，一些古代典籍中所指的"邗沟"，可能并不是指今天所说的江北邗沟这条"小邗沟"，而是吴国大运河这条"大邗沟"。一些观点认为邗沟是中国最早的运河，并没有错，只是这里的邗沟应是"大邗沟"而非"小邗沟"。

从夏禹治水吴地，到"中国运河第一镢"，再到吴古故水道、古江南运河、邗沟、深沟，吴人先后通过一系列工程，构筑了吴国大运河这一从黄河到淮河到长江再到钱塘江的气势恢宏的超级工程。这条运河悠久的组织开掘历史和范围广阔的水系体系，不仅对中国历史上的运河发展有着起源和示范作用，也是中国大运河得以沟通的重要基础，经过后世的不断改造，渐渐变成了今天大运河中的会通河、中运河、里运河、江南运河、浙东运河等，成为中国大运河的主要组成部分。

这条沟通南北的运河也促进了吴文化与越文化、楚文化、中原文化的交流融合，形成了一条丰富多彩的文化带。同时，也促进了南北的商贸交往和信息沟通，让吴地逐渐成为江南最先进的区域，为吴国成为春秋几大霸主之一奠定了基础。越国灭吴之后，越国继续利用这条运河沟通南北的便利，不断扩充疆域和影响力，《竹书纪年》载"於越徙都琅邪，在晋出公七年"，《越绝书》也讲勾践"徙琅玡，都也"，说的是越国把国都从江南一直迁到了吴国大运河途经的琅琊（今山东胶南）。

伯渎河从商末的"第一镢"开始，始终生生不息地流淌在江南大地，由开挖运河到引领春秋时代的运河建设，由一条独立的运河成为吴古故水道、古江南运河以及吴国大运河的主干河流，在这600多年间的中国运河史上有着无可比拟的地位。而生活在伯渎河流域的无锡居民在岁月中对它的坚守、敬畏，正是保护、传承、利用中国大运河的一个典型案例。

第五节　无锡是大运河必经之地

吴人构建的江南运河网、吴国大运河，为其后隋唐直至今天的中国大运河形成奠定了基础。隋大业六年（610年），江南运河得到全线整治，主航道的线路也得以确立，即自长江边的京口（今镇江）起，向南经曲阿（今丹阳）、毗陵（今常州）、无锡、吴郡（今苏州）、嘉兴，经上塘河至余杭（今杭州）接钱

上编 大运河变迁的见证者 | 第一章 先有伯渎河,再有大运河

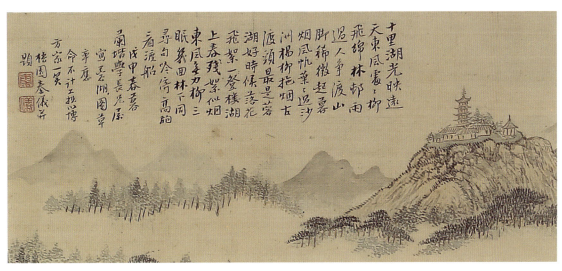
图1-19 清代画家秦仪绘《芙蓉湖图卷》(局部)

塘江。这其中,无锡始终是历代大运河的必经之地。

中国大运河始终途经无锡的主要原因,在于这里独特的地理位置和适宜的自然禀赋等客观条件。无锡北借运河通长江,南经梁溪往太湖,是距离长江、太湖这两大水域平均距离最短的城市,最短直线距离不过40多千米,这一狭长区域是挖掘人工运河沟通两大水域的最佳通道。

千年之前,这条通道内还有一座巨大的天然湖泊芙蓉湖(图1-19)。芙蓉湖是太湖平原上除太湖之外的第一大湖,又名无锡湖、射贵湖,因湖面浩大被称为"巨浸"。《越绝书》载:"无锡湖,周万五千顷,其一千三顷,毗陵上湖也,去县五十里,一名射贵湖。"唐陆羽《惠山寺记》云此湖"南控长洲(今苏州北),东泊江阴,北淹晋陵(今常州)"。这为运河从此穿越提供了通道,吴国大运河就借道芙蓉湖,经无锡汇入伯渎河。清王永积《锡山景物略》云:"芙蓉湖,昔夫差游宴其间,楼船鼓吹,鱼龙惊惧。"说的是吴王夫差坐楼船沿吴国大运河北伐齐国时,曾经过此湖,在其间游玩饮宴。

芙蓉湖普遍水浅,水患频繁。随着江南人口的不断增长,自春申君黄歇开始就不断垦殖芙蓉湖,晋代一度动议将芙蓉湖改造为

圩田，但因种种原因未能实现。南朝刘宋时期在安阳山北的芙蓉湖北区围垦成功，获得良田数百顷，之后，隋唐时代虽然也继续围垦，但总的来说收效不大。唐贞观三年（629年），在无锡北门外建莲蓉桥，说明这一带仍是芙蓉湖南缘。宋代开始，芙蓉湖治理得到了较大突破，北宋元祐年间（1086—1094年）筑莲蓉闸泄水为田，绍圣年间（1094—1098年）两浙转运副使毛渐开挖莲蓉河，引水入长江，使涝年湖水可控。明宣德年间（1424—1435年），江南巡抚周忱筑溧阳东坝、开江阴黄田港，外泄湖水，又在湖西修芙蓉圩、杨家圩，共得圩田10.8万亩，使芙蓉湖面逐步缩小为"东西亦五六十里"。清代，芙蓉湖仅剩北塘一段作为大运河水道使用，水患消弭，水势可控，船只通行更为便利。

大运河无锡段靠近太湖，为太湖提供了进入长江的泄洪渠道，一定程度上缓解了这一带的水患。北宋单锷《吴中水利书》中就提到无锡大运河水系是长江、太湖间的重要河网，沟通了多条骨干河道，调节了江湖水流。今天的太湖，与两千多年前相比并没有多少变化，太湖的稳定性与运河有着重要的关系。梁溪河作为沟通运河与太湖的通道，可调节运河之水与太湖之水。元《无锡志》载："凡岁涝，则是邑之水，由（梁）溪泄入太湖。旱则湖水复自此溪回，民藉以溉田。"作家陆文夫在为大型纪录片《话说运河》撰写的解说词中说："时至今日，我们很难断定究竟是太湖养育了运河，还是运河帮助了太湖。"

从商末到春秋时期，吴国修建了史无前例的大运河。之后，越国利用吴国向北方扩张的机会，占领了吴国南部许多土地。越国名臣范蠡为了更好地控制这些领地，进一步灭亡吴国，主持开挖了蠡渎和东蠡河两条运河。蠡渎就是今天望虞河的一部分，位于无锡东南部，连接漕湖水域和太湖。宋《太平寰宇记》载："蠡渎，西北去县五十里，范蠡伐吴开造。"元《无锡志》曰："蠡渎，去州南三十里，在新安乡""自蠡口北流十余里与梁墓泾（今无锡梁塘河）合而为一"。东蠡河则横穿宜兴丁蜀镇，上接太湖，下通滆湖，又与常州西蠡河沟通，是襟江带湖的一条南北水道。北宋单锷《水利书》曰："宜兴东有蠡河，横亘荆溪，东北透湛渎，东南接罨画溪，昔范蠡所凿，与西蠡运河皆以昔贤名，呼为蠡河，志仅以南接罨画溪者为蠡河，余曰横塘曰运河。"

战国时期，楚国击败越国。《史记·春申君列传》云："（春申君）请封于江东，考烈王许之。春申君因城故吴墟自为郡邑。"楚

上编 大运河变迁的见证者 | 第一章 先有伯渎河，再有大运河

图1-20 黄歇治湖（无锡运河公园《运河无锡图纪》中汉白玉浮雕）

考烈王十五年（公元前248年），春申君黄歇徙封于江东，以梅里故吴墟为都邑，并筑城于无锡历山之西（今钱桥、舜柯山一带），史称"黄城"。黄歇为无锡治水做了三件大事，在无锡留下了"春申涧""大王基""申港"等纪念他的地名。

一是治无锡湖为陂。《越绝书》载："无锡湖者，春申君治以为陂。"无锡湖是古江南运河的重要一段，黄歇治湖实则也是治河，他将无锡湖一带大片沼泽地改造成蓄水的陂塘，在湖区形成了一批堤内圩田（图1-20）。

二是立无锡塘。《越绝书》载："无锡历山，春申君时盛祠以牛，立无锡塘。"清周有壬《锡金考乘》指出："据言立者是塘岸之塘，非蓄水之塘，可知疑无锡塘，即无锡湖之堤岸。"为了改善运河船只穿越芙蓉湖的安全性，黄歇在治无锡湖为陂的基础上，又筑起塘岸堤坝，挡住了广阔湖面的风浪，使部分芙蓉湖面化为狭长水道，大大提高了运河的安全性，经过他的治理，古江南运河成了更为标准的运河河道，大运河也从此被无锡百姓称为"塘河"。

三是凿语昭渎。《越绝书》载："（黄歇）凿语昭渎以东到大田，田名胥卑，凿胥卑下以南注大湖，以泄西野，去县三十五里。"说的是黄歇在芙蓉湖东南的无锡东部地区疏通了一条"语昭渎"，通往苏州西北的胥卑，再转而西南下，进入太湖，形成了胥卑西部向太

保护 传承 利用　**中国大运河**　依河而生　因河而兴　工商文化历久弥新　运河精神生生不息

湖泄水的一大通道。实际上，这条语昭渎是由古江南运河的伯渎河、漕湖段与范蠡所开蠡渎共同组成的，"凿语昭渎"其实就是对无锡城东到苏州境内古江南运河的再次疏通。

黄歇根据当时无锡社会经济发展特点，对古江南运河穿越芙蓉湖段水系进行了改造利用，进一步完善了从芙蓉湖到无锡中南部的水路，奠定了隋唐江南运河无锡北段的基础。同时，他疏浚保护伯渎河和蠡渎，也对古江南运河无锡南段的畅通发挥了重要作用。黄歇治无锡湖后，湖中地势较高的一些陆地逐渐浮出水面，形成了"墩""尖""渚"等小岛或半岛，其中无锡北门外一个小岛就因黄歇曾在此驻留治水而被命名为"黄埠墩"，用以纪念这位为大运河无锡段保护利用作出重要贡献的贤君。

秦、汉、三国时代，朝廷多次开凿、疏通江南运河，无锡作为其中重要一段，得到了持续保护。明代陈循《重建宝带桥记略》云："运河自汉武帝时开，以通闽越贡赋，首尾亘震泽东壖百余里。"反映了汉武帝时沿太湖东缘沼泽地带开河100余里，这其实是对黄歇所修语昭渎的进一步疏通和拓展。三国孙吴也十分重视运河水利工程，《南齐书》卷四十一载："自今吴县舟行，过无锡、武进、丹阳至丹徒水道，自孙氏始。"东吴赤乌八年（245年），孙权派毗陵典农校尉陈勋领兵疏浚无锡西南部的长广溪，使五里湖（蠡湖）之水经长广溪出吴塘门入太湖，进一步连接太湖、五里湖、梁溪等水系。唐《吴地记》云："县南有长广溪，水深三尺，陈勋所导。"元《无锡志》载："长广溪，广二十五丈，长三十五里。"

东晋时，著名画家顾恺之父亲顾长康修建了位于无锡的顾港桥，跨仓前新河的兴宁桥也在这一时期建成。晋元帝时（317—323年），晋陵内史张闿泄芙蓉湖水入五泄河注太湖。南朝刘宋元嘉年间（424—453年），在五牧和安阳山之间筑阳湖堰，南齐时在运河水系中建亭子桥。这一系列工程对大运河无锡段的畅通均起到了积极作用。

隋大业六年（610年），隋炀帝开凿了从京口（今镇江）到余杭（今杭州）的800里江南运河，即大运河江南段。其中常州府段自望亭到奔牛，长110里，南宋咸淳《毗陵志》载："运河，东自望亭风波桥入郡界，西至奔牛堰，凡百十里有奇。"（图1-21）元《无锡志》中"运河，东南自长洲县界望亭，入本州界，行四十五里，越州城，迤逦西行四十五里，至五牧口，出晋陵县界""大市桥，一名通济桥，跨运河，隋大业八年二月建"的记载

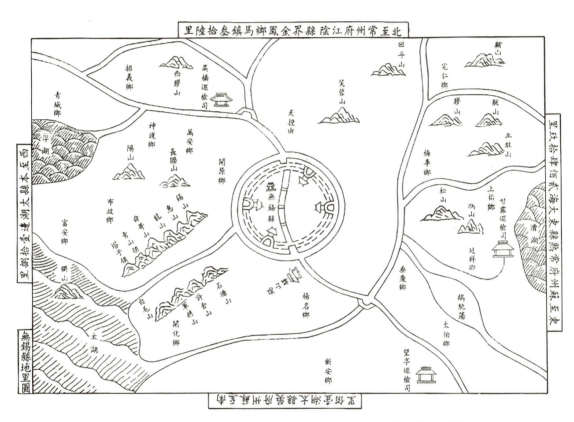

图1-21 现存最早介绍无锡的方志——咸淳《毗陵志》中的大运河无锡段

说明,最晚到公元612年之前隋代大运河已通过无锡。隋代以后的江南运河无锡段走向与吴王夫差所开的古江南运河大体一致,只是南段截弯取直,从无锡南门外向南经望亭直达苏州,不再经伯渎河、穿漕湖到达苏州平门,但自南门向北这一段并没有太大变化,仍是利用了吴古故水道、古江南运河旧道,穿越芙蓉湖至奔牛。

隋开皇九年(589年),在无锡县东南50里处建望亭堰,这是无锡运河有据可考的第一座堰闸,此处正是蠡渎所在的位置。隋开皇年间,望亭已成为无锡南陲的重要市镇(清雍正二年(1724年)前望亭一直属于无锡,古代望亭包含今苏州望亭和无锡南端一部分)。《太

保护 传承 利用 | 中国大运河
依河而生　因河而兴　工商文化历久弥新　运河精神生生不息

平寰宇记》载,望亭"隋开皇九年置为驿。"有驿站必有驿道,说明隋代无锡已修筑了到达望亭的驿道。望亭位于太湖与蠡渎交汇处,蠡渎自漕湖而下,漕湖又是隋之前运河的一部分。在望亭修筑运河,既能得到太湖水也能得到蠡渎泄下的漕湖之水补充,说明隋代大运河充分利用了无锡原有的运河水系。

从科学角度分析,在江南地区水系中调节长江、太湖两大水域的是江南运河。特别是无锡段,西有锡宜运河承接山区来水,北有锡澄运河连接长江,南端有连通长江和太湖的望虞河,江水可依此入太湖,湖水可借此灌入长江,水网勾连合纵、相互贯通。长江和太湖是大自然赐给江南大地的一份得天独厚的礼物,江南运河无锡段则是千百年来无锡人民道法自然、坚持保护、接续利用的结果。

位于无锡西南部的五里湖,湖小而浅,容量不大,与太湖之间又有南犊山、中犊山、北犊山三山相连,阻隔了两湖交融,影响了五里湖的调控能力,使得周边地区每逢大雨便河水猛涨、泛滥成灾;遇到旱季,太湖之水又无法借五里湖进入无锡,各乡干旱成灾,百姓苦不堪言。东汉治水英雄张渤见此情景,决心率领百姓凿通中犊山两侧的犊山门、浦岭门,使太湖和五里湖两湖相连,以解水患。民间传说,张渤治水的义举感动了上苍,被点化成一只"猪婆龙",吃掉了五里湖里作恶多端的水怪,用大嘴巴拱开了"犊山门"、疏通了"浦岭门",使五里湖和太湖之间水流畅通。从此,无锡便成为鸢飞鱼跃、五谷丰登的鱼米之乡,留下"开了犊山门,余出无锡城"的民谣。张渤被天帝封为"提点诸神,纠察三界,督治河海,掌管狱牍"之神,在江南民间被称为"祠山大帝""张大帝"。南宋时期,无锡百姓特地在运河边知足桥堍修建了张元庵纪念张渤,如今庙中两棵古银杏树依然保留在太湖大道南侧道路绿化隔离带内。张渤开犊山门,不仅纾解了水患,也使大运河无锡段与太湖之间的河流得到了进一步疏浚。

无锡有通江达湖的地理位置、水资源丰富的自然禀赋、鱼米之乡的经济条件、悠久漫长的运河水系建设史,为大运河在此通航提供了基础条件。无锡始终注重运河的保护传承利用,使得吴古故水道、古江南运河、蠡渎等早期运河一直以较好的质态保存于斯、造福百姓。隋炀帝开凿江南运河时,这些优势条件和独特的水文环境得到了高度重视和充分利用,使无锡成为大运河必经之地。

第二章　因大运河而生而兴的城市

大运河无锡段从洛社五牧入境，一度以"城中直河"的形式直贯无锡城，向南过新安沙墩港出境，这一穿城而过的状态从汉代开始一直延续到20世纪50年代。因此无锡被誉为大运河唯一穿城而过的城市，但其实大运河在其他一些城市也具有穿城而过的形态。那么，为什么会在人们心目中形成这样的形象呢？这和无锡集中体现了运河与城市的密切关系有关。运河与无锡，你中有我，我中有你，密不可分。明嘉靖以后，大运河因无锡筑城又在这里分为两股环城而行，被人们誉为"千里运河独此一环"，在中国大运河里极为罕见。观察、分析、解读无锡城市形态变迁、经济社会发展与大运河之间的关系，对于研究中国大运河在我国城市中的保护传承利用具有重要的意义（图2-1、图2-2）。

图2-1　大运河无锡段旧照（1972年）

第一节　无锡因运河而生

无锡自古是一座依水而建、傍水而筑的水城，民间历来有"先有大运河，后有无锡城"的说法。西汉之前，无锡城先后坐落在今天无锡东南部的梅村和西南部的闾江口。西汉以后，就在现在的老城区建城。虽然历史上无锡城的位置有过变迁，但每座城的兴起和发展均与运河息息相关，始终是先有运河后有城。

先有伯渎河，后有泰伯城

最早的无锡城叫泰伯城，乃泰伯在无锡梅里（今梅村）所建（图2-3）。唐张守节《史记正义》曰："太伯居梅里，在常州无锡县东南六十里。至十九世孙寿梦居之，号句吴。寿梦卒，诸樊南徙吴（今苏州）。"《古今图书集成·方舆汇编职方典》也认为，自泰伯以下至王僚二十三君皆建都于此（无锡），到阖闾时才迁都。也就是说，无锡泰伯城作为吴国都城约有600年历史。《汉魏地理书抄》引南北朝《舆地志》指出，泰伯城在梅里平墟。宋《舆地广记》则云，泰伯所居为都邑。《大明一统志》《大清一统志》也认为，泰伯城在无锡，吴国都在梅里。

保护 传承 利用 | **中国大运河**　依河而生 因河而兴 工商文化历久弥新 运河精神生生不息

图2-2 咸丰同治年间无锡金匮舆地全图中的运河水系（大英博物馆藏）

《吴越春秋》载："故太伯起城，周三里二百步，外郭三百余里。""内城"古代一般称"子城"，规模较小，是泰伯城的核心区域；而"外城"一般称"罗城"，是一个城市的外郭，规模一般较大。周代以八尺为一步、三百步为一里，一里约相当于400余米。因此，泰伯内城200多亩，外城则包括今无锡、苏州、常熟的一部分，是利用山形地势、湖泊河流设置一些关隘哨卡圈出的一块区域，相当于一个诸侯城邦的范围。

伯渎河穿泰伯城而过。1958年伯渎河拓宽时，在湾桥浜和冶坊浜之间的水域发现有几排杉木桩遗迹深植河底，经考证，是旧时伯渎河与泰伯城交界处的水关遗址，说明泰伯城是以伯渎河为中心构建形成的。可见，正是伯渎河哺育了泰伯城的居民，使他们得以像《吴越春秋》记载的那样"耕田其中"，证实了"**先有伯渎河，后有泰伯城**"。作为与"中国运河第一撬"相生相伴的古老城市，泰伯城是中国最早的运河城市之一。随着近年来考古工作的深

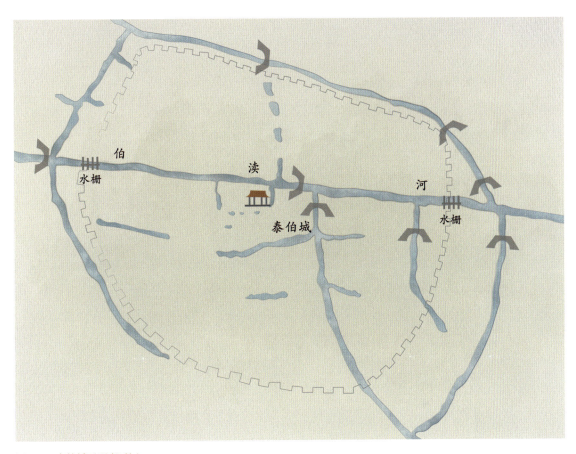

图2-3 泰伯城（马超 绘）

入开展，这一结论将被进一步证实。

先有闾江，后有阖闾城

阖闾城遗址至今尚存，位于今无锡马山湖山村和常州武进雪堰桥之间，北靠直湖港，背倚龙山、胥山、磨盘山、白药山、天井山等山脉。《吴地记》载："阖闾城，周敬王六年（公元前514年），伍员伐楚还，运润州利湖土筑之，不足，又取吴地黄渎土，为大小二城。当阖闾伐楚回，故因号之。"《越绝书》称："伍员取利浦、黄渎土筑闾城。"据《越绝书》和《吴越春秋》记载，阖闾之时徙治胥山，筑吴城，城中有大小城，吴大城有陆门八、水门八，吴小城有陆门三、水门二。

民国二十五年（1936年），暨南大学考古学家张凤、蒋大沂来锡寻找阖闾城遗迹，在现址发现一大一小二城及烽火台遗址，发掘先秦甲骨、陶器、瓦鼎、残鼎足及席纹、网纹等陶片。1956年，阖闾城被列为江苏省文物保护单位。1957年，江苏省文管会文物普查工作组来此普查文物时，拾得许多新石器时代文物，确定阖闾城为春秋古城，并发现伍子胥点将台、吴军练兵场、兵器库等遗址。

最新考古表明，阖闾城城址结构布局完整，占地面积2.94平方千米，大城内西北部有东小城、西小城和瓮城3个重要遗址，占地面积约50万平方米。东小城有9处建筑基址，其中7处建于春秋晚期。西小城南区有高台建筑遗址4处，北区有高台建筑1处。这些考古发现与《越绝书》《吴越春秋》记载相互印证。考古还发现阖闾大城东北侧自西南向东北的龙山山脉上，共分布着93座石冢和长度约8千米的石墙。印证了《吴越春秋》所载："筑城以卫君，造郭以守民。"

来自国家文物局及全国各地的考古学、历史学和文物专家认定：无锡阖闾城遗址为公元前515年至公元前496年之间春秋时期吴王阖闾的都城，其下叠区有马家浜文化、马桥文化和春秋早中期文化层，龙山石墙为长江下游最早的吴国长城。专家组组长黄景略还认为，阖闾城遗址是迄今为止长江下游发现的春秋时期最大的城址（图2-4）。这一考古成果被列为2008年度全国十大考古新发现。2013年3月，阖闾城遗址由国务院公布为第七批全国重点文物保护单位，并入选国家"十二五"期间150处重点大遗址保护目录；2013年底被列入国家文物局公布的第二批国家遗址公园立项名单。2016年10月，阖闾城遗址列入"十三五"时期大遗址名录（图2-5）。

阖闾城下有一条河，叫作闾江。《锡山景物略》载："城名阖闾，江名闾江，与地皆名闾江，为伍员也""夫差杀子胥，取其户，盛以鸱夷革，浮于江中，即闾江也。"在阖闾城以北、胥山之下旧有胥山湾，春秋时是贯通太湖的湖湾。近年来，在对胥山湾进行考古钻探中，发现大量春秋时期深黑色湖泊沉积土，并有水道与太湖相通，为当年吴国操练和驻泊水军的湖湾。该水道是由吴王阖闾派伍子胥开凿改造，形成闾江及阖闾大城和东西小城的城外环壕和城内水系，使得阖闾城由胥山湾接通无锡双河运河，经过吴古故水道与故吴都梅里相连。

吴王诸樊为向南方扩张迁都姑苏，集中力量进逼越国，其子阖闾图谋西征楚国，便向西又建阖闾城。阖闾城一带北有芙蓉湖、南有太湖，是被水域包围的一片东西向狭长山地，当时西南部的马山没有与陆地相连，是座岛屿。太湖风浪较大又有越国骚扰，吴国必须依靠闾江来建城。因此，如果不是先有闾江，阖闾城既无法"取利浦、黄渎土"修建，也无法长期维持。显然，先有闾江，后有阖闾城。

上编 大运河变迁的见证者　　第二章 因大运河而生而兴的城市

文物考古专家黄景略

阖闾城

图2-4　国家文物局考古专家组组长黄景略认为，阖闾城遗址是迄今为止长江下游发现的春秋时期最大的城址

图2-5　阖闾城龙山石墙遗址

此时，泰伯城依然存在，与姑苏城、阖闾城并存。直到公元前473年，吴国为越国所灭，越王勾践将泰伯城彻底毁灭，把这里变成了《吴越春秋》中所说的"梅里平墟"、历代方志中所讲的"故吴墟"。《吕氏春秋》载："越报吴，残其国，绝其世，灭其社稷，夷其宗庙。"

先有古运河，后有无锡城

汉高祖五年（公元前202年）置无锡县，形成了无锡城的最早雏形。据《汉书》《唐书》《惠山寺记》及历代方志记载，最初的无锡城依运河而建，位置在无锡历山（今惠山）东五里（一说七里）、伯渎河北五里、古江南运河和西溪（今梁溪）之间。这里地势较高、水陆交通便利，自吴古故水道开通后就已形成人类聚落，因为按汉制，需有一定人口规模才能设县。无锡城的建立，和泰伯城、阖闾城一样，也是先有运河，而后有城，其产生和发展与运河息息有关。

先秦时代无锡已有不少聚落，无锡民间自古有"先有后祁，慢（后）有北塘"的说法，后祁是芙蓉湖畔一个古村落，在北塘还没有出现时就已存在。据《越绝书》记载，北塘出现在黄歇时代，也就是说，战国晚期以前就已有了后祁。然而，在随后的历史发展中，后祁始终是个村庄，直到清代围湖垦殖以后，才处在运河沿岸。这也充分说明了运河在古代聚落向城市发展过程中的重要作用。

古江南运河在经过无锡时，与梁溪交汇于芙蓉湖口，确立了未来大运河无锡段的基本格局。无锡古邑位于古运河、梁溪、芙蓉湖的交汇处，距离长江、太湖较近，地理优势十分明显。无锡城历来被认为"自汉以来未尝易处矣"。元《无锡志》援引南朝宋《南徐记》指出，刘宋的无锡城以过去汉晋时代的旧城为基础而建。唐李吉甫《元和郡县志》、陆羽《惠山寺记》也认为，唐时的无锡城还是汉代的老样子。根据方志中"无锡县城自宋后皆就罗城而修之"的说法，从宋代开始，无锡县城基本延续了东汉罗城的格局。从南宋开始陆续出现在方志里的地图看，历代无锡城与现在龟背状的无锡老城格局、范围基本一致。

综上所述，我们不难发现，先秦以来，无锡的三座城始终依运河水系而建。从汉代至今，无锡城的位置并没有发生过大的变化，无锡这个名字也一直与城市形影相随，历经2000多年未更名易址、始终与运河相依相伴。正是因为如此，无锡城最清晰、最真实地记录了城市与运河共生共荣的发展历史，全面而系

上编 大运河变迁的见证者 | 第二章 因大运河而生而兴的城市

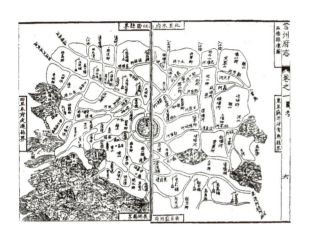

统地延续了大运河的数千年文脉。在大运河文化的传承中,无锡城的历史价值值得研究(图2-6)。

第二节 运河与城市的相生相伴

春秋以来,无锡城最初沿江南运河网的核心伯渎河兴建,随着江南运河网向吴国大运河发展,无锡城也移至连接太湖与大运河的闾江运河口。而后,由于太湖不再成为吴越争霸的焦点,无锡人发挥择水而居的天性,傍古江南运河建城,随着运河水利功能和漕运功能的不断完善,无锡城逐步跨过运河发展,形成了运河穿城而过的形态。此后,出于军事防御和交通运输考虑,又发展为运河环城而过,奠定了无锡老城的基本格局与形态,确保了城市安全与运河通畅,传承了运河历史文化,推动了城市的发展。大运河无锡段与无锡城和谐共生、互促繁荣,充分体现了大运河与城市之间的相生相伴、共同发展。

从"傍城而过"到"穿城而过"

汉代至南北朝时期,无锡城位于古江南运河西侧,和大多数运河城市一样,运河傍

图2-6 清代无锡城

城而过。随着隋代以后南北大运河的贯通,城市逐渐繁荣,无锡城开始跨过运河向另一侧发展,逐步形成了运河穿城而过的格局。

汉代开始,无锡制砖业兴起,考古发现,汉末至南朝的无锡墓葬内普遍使用带铭文的纪年砖。这样的产业条件,为无锡城的修筑和完善奠定了基础。成书于东汉的《越绝书》载:"无锡城周二里十九步,高二丈七尺,门一楼四。其郭十一里百二十八步,墙高一丈七尺,门皆有屋。"说明东汉时无锡有和泰伯城、阖闾城一样的子城(城)和罗城(郭)。

南朝刘宋《南徐记》记载,当时无锡城还是汉代旧城,不过规模有所缩小,"罗城周围四里三十七步,子城一百七十步"。罗城的位置据南宋咸淳《毗陵志》记载,"在运河西,梁溪东"。当时无锡城的具体位置,据清光绪《无锡金匮县志》等旧志分析,西到梁溪河,东到弦河(即大运河),南至西溪(即今前西溪、后西溪一带),北达斥渎(即今道长巷、德兴巷一带)。可见,汉代至南北朝时期,古江南运河在无锡城东侧"傍城而过"。

西晋末年,戎狄内侮,北方战火频仍,百姓流寓江左者数以百万计,朝廷将北方的杼秋县侨置于无锡境内。随着人口的不断增加,城厢也逐步扩张,无锡城周围、古江南运河两侧开始出现了大量的民居、寺庙、庄园,如距无锡城不远的惠山寺、南禅寺等都是南朝所建,无锡子城南隅也有南梁大贵族萧源之墓。

隋大业年间(605—618年),南北大运河全线贯通,大运河无锡段也成为其中重要的组成部分。大业八年(612年),见诸史册的跨越无锡运河的第一座桥——利津桥(又名通济桥、大市桥)落成,说明隋代无锡跨运河东西两邑发展的城市格局开始形成。唐代,无锡城继续跨大运河向东、向南发展,城墙范围进一步扩大,形成了"熙春""朝京""梁溪""莲蓉"四个城门,并开凿护城河,为了便于运河水运,还专门开辟了南、西、北三个水关。原本"傍城而过"的运河从北水关入南水关出,呈现出"穿城而过"的形态(图2-7)。

唐末至五代十国时期,军阀林立、混战不休,无锡正好位于军阀杨行密与钱镠势力的交界处,双方交战频繁,为加强防御,杨行密在无锡东南部扩充城郭,抵抗钱氏,开设了顾桥门、新塘门、董家门3个偏门。据宋聂厚载《常州无锡县记》记载,为防备吴越国进攻,杨吴还把县衙从县城西北部移到了西南隅重建,直到北宋咸平五年(1002年)时才迁回原处。北宋乾兴元年(1022年),无锡县令李晋卿围绕回归后的县衙,重筑了周围一百七十七

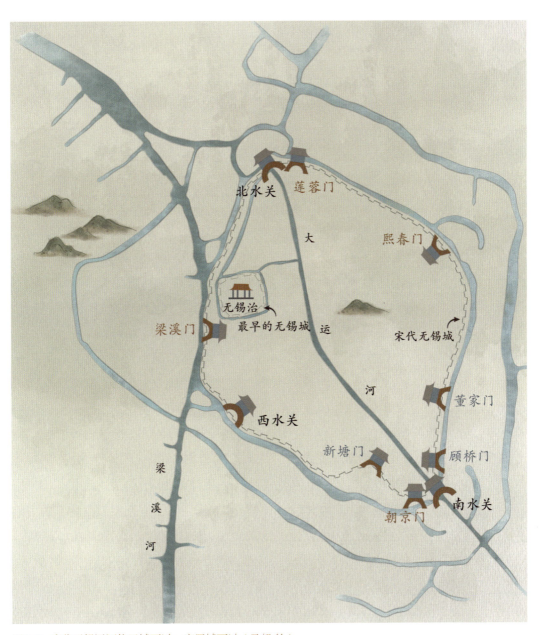

图2-7 唐代无锡运河傍子城而过,穿罗城而过(马超 绘)

步的子城，但没有修筑外城。这导致南宋建炎元年（1127年），讨伐叛军陈通失利的御营统制辛道宗部溃兵，乘巨舟数百从苏州进逼无锡时，竟无外城可守。光绪《无锡金匮县志》对此描述道，自是以后，皆即外城而修筑之，不再修建子城。到了南宋咸淳年间（1265—1274年），无锡外城已经建好，四座城门分别为："东熙春、径胶山，南朝京、径平江，西梁溪、径惠山，北莲蓉、径郡城。"由此，大运河穿城而过的形态被进一步固定下来。

大运河穿越无锡城这段水域被称为"城中直河"，也叫弦河、邗沟。虽然人称"直河"，其实并不笔直，在城中三凤桥附近明显往东南方向偏折。北宋单锷《吴中水利书》称其为"无锡县城内运河"，表明运河已在无锡城中，既是城市的运输主干道，又可以保证居民生活之用。清光绪《无锡金匮县志》云："城中直河，自北水关入，直行出南水关，亦名弦河，以有弓河、箭河而名之，故运河道也。"（图2-8）其中所说的弓河、箭河，与城中直河共同构成了无锡的城市运河水系。古人历来重视城市防涝，早在战国时代，《管子》就论述了构建城市排水设施的主要原则："地高则沟之，下则堤之""内为落渠之泻，因大川而注焉。"无锡雨水丰沛，唐宋时城墙

图2-8 光绪《无锡金匮县志》中有关城中直河的介绍

合拢后，城内外的水系被隔断，聪慧的无锡人在城中直河两侧开挖河道，形成了以运河为轴线的城市水系。元《无锡志》记载："城中河凡十有八，皆运河之支流别脉。"

城中直河将无锡城一分为二，形成了三个各自独立又互为勾连的水系。直河以西，分南北两个水系：北段北起北水关，南至州桥河，由留郎河、斥渎、胡桥河、营河等组成，其中一条玉带河环绕无锡县署，犹如知县官袍上的腰带，解决县署的排水、用水问题；南段北起后西溪，南至西水关，包括后西溪、前西溪、束带河等支流，其中束带河在孔庙和县学之前流过，再环绕其一周，仿佛读书人的腰带一般，故有此号。

直河以东的水系围绕弓河展开。元《无锡志》载："弓河，本旧县之罗城濠也，岁久无

可验，但称东河，故老相传云。弓河自闸口湾由东门而南出渡僧桥，通运河，河如弓之背，故号弓河，以运河比之弓弦也。"弓河是无锡旧罗城的护城河，沿东城内侧而行，两头通城中直河，从闸口湾即莲蓉闸口一直到南水关附近"小南海"寺外的渡僧桥，呈弓形，又称东里城河。与弓河相对比，城中直河则像弓弦一样，故而又名"弦河"，其与弓河之间共有九条东西向如弓箭一般的支流"箭河"，构成一弦一弓九箭的城市水系（图2-9）。

直到1929年，这一水系依然存在。民国薛明剑编《无锡指南》曰："别有箭河九道。其次第自南而北。"这种城内沿运河两侧每隔百米建一支流的布局，大大促进了运河与弓河、留郎河、束带河等城内主要河流之间的水系畅通。

无锡城的街巷、道路，也是沿大运河两岸及其支流岸边逐步修筑、发展、延伸起来的。这些纵横交错的河道，与枕河而立的建筑、沿河而建的街道，共同构成了"河街相邻、水陆并行"的双棋盘格局，富有无锡地方特色，体现出古代无锡人善于利用运河的智慧。民国周贻白《无锡景物竹枝词》形象地描绘了这一风貌："九支羽箭一张弓，十道河流八路通。是处楼台皆近水，无边风月橹声中。"

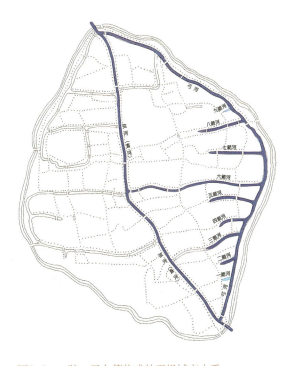

图2-9 一弦一弓九箭构成的无锡城市水系

随着城市区域的扩大，穿城而过的概念也发生了新的变化，新中国成立以后开通的新运河依然从无锡中心城区中穿越而过，新运河像一把弓，古运河像一根被拉开的弦，2002年建成的太湖大道似一把箭。无锡仍是一座运河穿城而过的城市，这一形态保持了两千多年始终不变，在大运河沿线城市中并不多见，充分展现了大运河与城市的和谐共生关系（图2-10）。

保护 传承 利用 | 中国大运河　依河而生　因河而兴　工商文化历久弥新　运河精神生生不息

图2-10　无锡运河穿城而过

既"穿城而过"又"环城而过"

城中直河作为大运河无锡城区段的主航道一直沿用至明嘉靖年间（1522—1560年）。明代无锡经济发展迅速，人口不断增加，城市规模也不断扩大，城垣"周围一千七百八十三步""门皆有重屋"（图2-11、图2-12）。弘治年间无锡县令荣华还修缮了水门，继续维护大运河穿城而过且保持通航的状态。嘉靖时期，为了保障城市安全、保持运河水运通畅便捷，对运河开展了大规模改造，形成了大运河

图2-11 民国时期无锡运河小桥流水人家

图2-12 民国时期无锡城外运河

穿无锡城而过，又环抱无锡城的独特格局。

明中叶以后，倭寇频频侵犯东南沿海。明唐鹤徵《河渠说》云："锡城久圮，漕舫贯县而行。后因倭警长舟，运道乃绕城而东出，是改从东路在嘉靖甲寅后也。"嘉靖三十二年（1553年），王其勤任无锡知县，到任第三天便召集地方耆老士绅商议，号召出钱出力，共筑城墙，训练士卒，抵御倭寇。翌年二月，在无锡士民的共同努力下，仅用70天时间，就将原来破败的土城修建为周长18里、高2丈1尺的砖石城墙，有靖海门、望湖门、试泉门、控江门四门，城上建对育楼、抚薰楼、序城楼、企辰楼四座城楼，并设置了南、西、北三个水关。这年四月，倭寇侵犯无锡，只能望城兴叹。这次建城对大运河无锡段的格局产生了重要影响。当时，由于担心倭寇从水上入侵，王其勤在筑城时将水关收拢缩小，虽然起到了防御作用，但影响了大型船只出入城中直河。嘉靖、万历年间频繁的倭乱警讯一到，还必须随时关闭水关。

为继续保护大运河，确保南北漕运畅通，无锡人开启了大规模的运河改道工程。宋代以来，地方上在修筑无锡城时，开凿了内外两层护城河。光绪《无锡金匮县志》载，无锡城被两重护城河所环抱，第一重是"环城河"，第二重是"外城河"。元末张士诚割据无锡时期，就修了高二丈周九里的城，疏浚了深二丈、宽七丈的护城河。这两条河环绕无锡城，与贯通无锡南北的城中直河相连。在城中直河受限后，无锡人开始创造性地利用运河，把护城河与大运河进一步联系起来,并将其改造为大运河无锡段的一部分,形成了"环城而过"的运河水道。《明史》载:运河自南由"射渎经浒墅关,过白鹤铺、长洲、无锡两邑之界也。锡山驿水仅浮瓦砾。过黄埠,至洛社桥,江阴九里河之水通之。西北为常州,漕河旧贯城,入东水门,由西水门出。嘉靖时防倭,改从南城壕。"

当时,一方面,加宽加深城东的外护城河,使之成为运河主航道,供大船、漕船、重船通行,将内护城河东段变成无锡东护城河;另一方面,疏拓城西的内护城河,一头由过去从北水关外连接运河变成由江尖外连接运河,中间则借道梁溪,在西水墩处形成三叉河道,通过梁溪河连接太湖,使得内护城河西段变成了大运河支线,这一段河道较窄、水流较为湍急,主要行官船、驿船、轻船,而将外护城河西段变成无锡西护城河。城中直河继续供小型民船使用。后来,为了适应愈加繁忙的运河水运,大运河无锡段一度实行单向行驶,上行走城东运河,下行走城西运河。清乾隆《无锡县志》即云:"凡上下商舟,不走羊腰湾者多由之。粮艘自上而下者亦或由之。载粮而上必走羊腰湾道,避西吊桥水急逆流上难也。"

具体来说,改道后的大运河无锡段在江尖渚西北角分道,东段经莲蓉桥、通汇桥、工运桥、亭子桥,由羊腰湾到跨塘桥后汇入主流;西段从黄埠墩西侧向南转弯,在锡山东麓转向东南,与梁溪合为一条,在西水墩分流至南门外连接古运河。

明代无锡的运河改道工程充满了古代劳动人民的智慧和巧思,是一项科学性很强的水利工程。无锡人并不是简单地将某条护城河直接改造为运河,而是根据水文地理情况、运输航行需求、经济能力等,因地制宜地对两重护城河与大运河之间做了巧妙的连接。以城中直河为界河,西段使用了内护城河,将其与梁溪、大运河勾连互通,东段在使用外护城河时,灵活地开疏了转水河将其与大运河相连,形成了层次分明又合理有序的锡城运河水系。当时的运河河道规划,体现出无锡人对大运河的精心保护和巧妙利用(图2-13)。

自泰伯开始,精明的无锡人在尊重自然、发展水利的过程中,一直善于利用风水地理,根据长期积累的开挖运河的丰富经验,积极用好自然禀赋,因势利导地开展运河改道。在改道过程中,借助运河流域河流的自然走势,在遇到山体残丘断块所形成的渚、墩、尖等地形地貌时,没有简单地对其围垦或除去,而是加以改造利用,发挥渚、墩、尖三面或四面环水

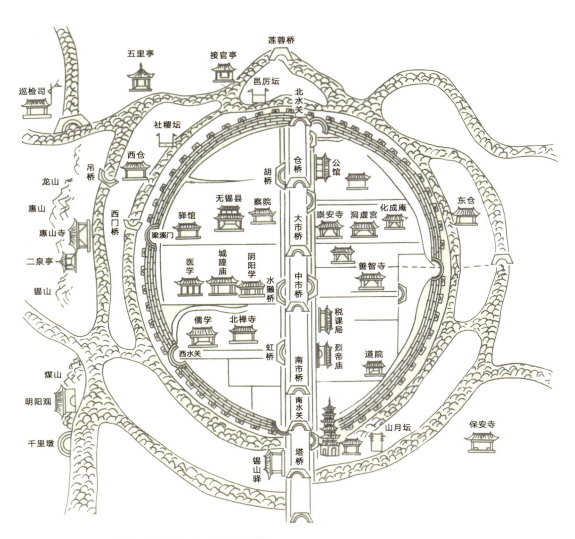

图2-13 明嘉靖时期改道后的大运河与无锡城示意图

的地理优势和特点，形成了江尖渚、癞团渚、南尖、北尖、双河尖、黄埠墩、西水墩等具有无锡个性的地形地貌，起到分水坝、阻水坝的作用，缓冲河水分流速度，避免水流直泄难蓄，确保运河水流平稳可控，改善了航运交通的安全条件。

其中最典型的就是有"天关、地轴"之称的黄埠墩和西水墩（图2-14、图2-15）。

保护 传承 利用 **中国大运河** 依河而生 因河而兴 工商文化历久弥新 运河精神生生不息

图2-14 天关黄埠墩

天关、地轴说源于《易经》。天关指室女座的角宿一、角宿二两颗星，太阳系八大行星都在这两颗星之间的黄道线上来回穿梭；地轴指地球假想轴，地球始终不停地绕着这个假想轴自转，两者分别是古人眼中星宿和地球的枢纽。道家引申认为，天关指蛇、地轴指龟，龟蛇合一为玄武，玄武居北海，为水神，辖水域。这种说法属于古代风水学范畴，也是堪舆家对地理形态的一种解读和阐述，在他们看来，运河是无锡的气脉，水能止气、聚气。运河改道后，环城运河分流处的黄埠墩水域宽阔，运河奔流而来"水势直下而益广"，西水墩水域则属于梁溪、护城河、运河三水交汇之地，水流湍急，船只经过时往往需要纤夫拉

民国时期西水墩旧貌

民国时期西水墩西水仙庙外戏台酬神演出

20世纪70年代的西水墩

今日西水墩

图2-15 地轴西水墩

纤，方能安全通行。有了这两个墩，就能够阻挡水势，起到中流砥柱的作用，故而县志中称二者"须此以砥之"，如同天关、地轴发挥作用，以防锡城气运流散。这实际也是无锡人善于利用运河的一种智慧。

上述一系列改道和利用，既让大运河无锡段环城而行，解决了城中直河入口变窄带来的运输困难问题，又继续保持了无锡城外两条环城河拱卫城区的传统格局，形成了无锡龟背状的城市布局。鉴于城中直河并没有被废弃，从明嘉靖年间到新中国成立，大运河无锡段可以说是既"穿城而过"又"环城而过"，这种"穿城而环"格局更为罕见（图2-16）。

保护 传承 利用 **中国大运河** 依河而生 因河而兴 工商文化历久弥新 运河精神生生不息

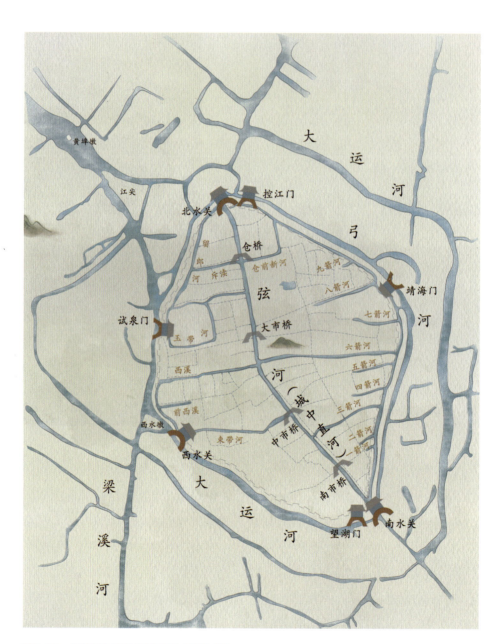

图2-16 大运河在无锡穿城而环（马超 绘）

穿城而环的城市形态，使运河东西两侧呈现出各自发展的趋势，也一定程度上影响了此后无锡的行政区划。清雍正年间（1723—1735年），两江总督查弼纳奏请朝廷对苏、松、常三府进行分县。雍正四年（1726年），无锡被析置为无锡、金匮二县。二县以城中运河为界，西为无锡，东为金匮。这一区划延续了185年之久。

从古运河"穿城而环"到新运河"绕老城而过""穿中心城而过"

无锡运河"穿城而环"的格局，大大开拓了运河流域，环城运河沿岸地区迅速繁荣起来，并慢慢向两侧延伸，形成了城墙以外新的城市区域，增加了无锡的城市规模。新中国成立以后，无锡创造性地开挖了绕老城而行的新运河，在解决城市规模扩大的同时，也起到了保护传承古运河的作用。

民国以后，许多实业家在大运河边创办工厂，随着民族工商业的迅猛发展，大运河无锡段的运输量也大大增加。无锡工商二业产业规模快速扩大，运河的运输能力逐渐无法满足沿河企业及地方经济发展的需求，比如，城中直河跨河桥梁低矮、航道狭窄以及环城运河湾多、水急、旱季水浅，导致时有拥堵、事故等问题发生（图2-17）。

自清代以来，城中直河的航运功能已逐步被环城运河所取代，尽管仍在继续使用，但随着两边建筑的不断拓建，原宽十余丈的河道逐渐变窄，到新中国成立前只剩八九米宽，主要供市民生活所用。九箭河等市区其他支流，不少也被堵塞、废弃。无锡老城面积较小，过去沿河而建的城中街巷逐渐无法满足日益增多的机动车在市区的通行需要。

从1950年，人民政府启动了拆城墙筑道路工程。一年后，全长5000多米的无锡城墙被全部拆除，拓建为环城道路——解放路。在这一过程中，西北城墙的内沿河留郎河首先被填塞。从1954年起，为畅通市中心的陆上交通，又填平了三凤桥到南门段的城中直河，建成了中山一路。1956—1957年，玉带河、大小河上、前后西溪等过去城中直河的支流纷纷被填没建路。1958年，挖锡山、惠山之间的人工湖映山湖，挖出的大量土方用于填埋剩余的城中直河，拓建为中山二路，与中山一路共同组成了无锡城区的中心道路——中山路（图2-18）。到填塞八箭河后，过去城墙内的50多条支浜、70余座桥梁以及原有的城中直河水系消失。同时，旧城外的内护城河、外护城河也随着拆城墙筑路被填没。

图2-17 民国时的城中直河

图2-18 20世纪50年代填城中直河修建中山路

无锡尽管有铁路和公路，但水运依然是大宗商品运输的主要路径。然而，无锡环城运河仅是能通行50吨级船舶的七级航道。20世纪50年代的填河工程虽然迅速改善了城区陆上交通短板，但由于当时忽视了旧城水网在蓄水、排涝等方面的重要作用，没有在填堵的同时充分做好疏导的文章，导致"城市血脉"流通不畅，市区内涝等问题逐渐发生。

为提升大运河无锡段航道等级，有效改善市区排水条件，在保留无锡古运河的同时，重新开挖一条新运河。这条运河从20世纪50年代末开始修筑，80年代初完成，后又不断提升航道等级，一直延续到21世纪，航道自黄埠墩至下甸桥，新运河无锡段"绕老城而过"，"穿中心城而过"（图1-1）。

2000多年来，大运河无锡段经历了从"傍城而过""穿城而过""环城而过"到既"绕老城而过"又"穿中心城而过"的变迁。不过，"千里运河独此一环"并没有就此消失，被填塞的城中直河及其支流给城市留下的印记也没有被完全抹去，老城区"街无一道直"的奇特景象，就是"先有古运河，后有无锡城"带给无锡的独特于遗。

第三节 运河是无锡的黄金水道

一部运河历史，也是运河沿岸城市的发展史。大运河滋养了一代又一代无锡人，纵横交错的运河水系织就了无锡发达的交通、水利网络，便利了无锡的运输往来、灌溉排涝，促进了无锡的经济发展。

明王永积《锡山景物略》认为，无锡"省

直之商贾，闽浙之珍奇，远代之古董，五等四民之服食器用，货随店分，人随货聚"。借助运河的通达，无锡人以河为路、以船为车，利用这条黄金水道带来的资源和运势，让江南一个普通的产粮小县，发展出了运河中最大的米市以及重要的布市、丝市、钱市，诞生了中国最早一批民族工商业，让无锡成为了繁荣兴盛的"小上海"、中国工商名城。

从吴市到望县

运河不仅奠定了无锡城的格局，也促进和推动了这座城市千年来的发展，使之由战国时期的小小吴市逐步形成了唐代的望县。

早在商末，伯渎河为泰伯城带来了繁荣。无锡许多先吴时期遗址考古出土玉器所用的透闪石、阳起石，主要产自宁镇山脉一带，反映出无锡先民与这一地区的部落已有了商品交换，并借助早期运河形成了甘露市等农业、手工业商贸集市。清《梅里志》载："泰伯携弟仲雍隐居荆蛮，一夕忽有甘露降其地，乃置市。"

春秋后期（公元前6世纪），无锡就已经是"朝市粗立，舟车攘攘"。当时，吴国铸造的青铜剑闻名天下，但制剑所用的原材料铜、锡、铅等，无锡并不出产，需要借助运河从外邑输入。无锡阖闾城遗址考古中，发现了从马家浜文化到商、西周、春秋的遗存，说明在阖闾城建成前，这里就形成了历史悠久的人类聚落。阖闾城一带临湖而多山，缺乏大规模农业生产用地，必须依托闾江来输送物资。

公元前473年，越灭吴，攻破了泰伯城，这座中国最早的运河城市一度被夷为废墟。不过由于运河经此而过，战国时期，黄歇治吴时，仍以故泰伯城为都邑，并重建了这座城市。《越绝书》载："吴两仓，春申君所造，西仓名曰均输，东仓周一里八步""吴市者，春申君所造，阙两城以为市。"说明黄歇迁吴后，恢复了农业发展和商品贸易，形成了一定规模的粮仓和集市。假如没有伯渎河，泰伯城是很难迅速恢复的。

秦汉时期，在运河边兴建了无锡县城。在此前后，无锡陆续有了甘露市、洛社市、陆墟市等集市，这些集市主要分布在古江南运河沿线。其中陆墟市在运河芙蓉湖段附近（图2-19），因汉时陆端在阳山取石为砻臼得名，是汉代无锡一个很大的商市，《寰宇记》称："江东数州，皆藉其用。"望亭东汉即有之，但规模不足以设市，唐代因运河改道经此而过后得到快速发展，才改设为市。据史料记载，汉代以后，借运河之利，无锡烧制的城砖等商品行销江南各地，考古发现，镇江花

保护 传承 利用 | **中国大运河** 依河而生 因河而兴 工商文化历久弥新 运河精神生生不息

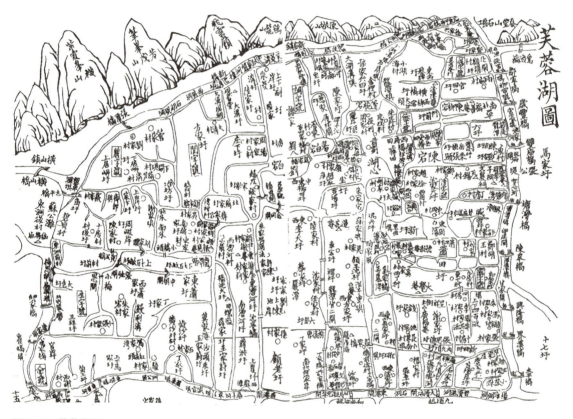

图2-19 芙蓉湖图

山湾东晋罗城遗址内就出土了不少刻有"无锡祝伦罗城砖""无锡李钦"等字样的城砖。

隋代，随着南北大运河的贯通，无锡城市发展迎来了一个黄金期。运河两岸迅速发展起来，跨河而建的桥梁大大增多。隋代建第一座跨越城中直河的利津桥后，唐宋时又在城中直河上先后建造了永安、济安桥，这三座桥两块十分繁华，到明代已形成运河边的"三市"（集市）。明弘治《重修无锡县志》载："三市，在邑城中，大市、中市、南市也。"这三座桥也因"市"易名，分别改名为大市桥、中市桥和南市桥，加上县市，当时无锡县城内同时有四座市，在同时代的县城里并不多见，这其中，运河是三市（集市）形成的关键因素。

据《汉书·地理志》记载，无锡汉代前农田土质属于最下等的第九等，对朝廷的贡赋属于下七等，食物仅能满足当地百姓生活需求，积余很少，"无冻饿之人，亦无千金之家"。汉武帝元封元年（公元前110年）授多军为千户侯，封地在无锡，表明无锡当时是千户之县，以西汉末年会稽郡26县每户平均4.6人的数据记载推算，无锡县不过4000人口而已。但随着运河水系的长期滋润和疏灌，农业水土条件有了很大的改善，推动了无锡人口规模及生产力水平的提升。到了唐代，运河让无锡上接江淮商品，下承太湖货殖，逐步脱颖而出，被纳入经济文化的核心地带，发展成为望县（唐代，县一般分为"赤、畿、望、紧、上、中、下"七个等级，其中"赤""畿"专指京城附近相关县城，其余各县中"望"属于第一等）。

唐宋时期，大运河无锡段沿岸商贸昌荣、诸业兴旺，商品种类日益繁多，本地的稻米、土布、丝绸、陶瓷与外来的漆器、铜镜、瓷器等商品，通过南来北往的船只在此交易。1989年，无锡市区出土了150公斤的唐"开元通宝"和"乾元重宝"古钱。无锡一些唐宋墓葬内也出土了大量丝帛、金器、瓷器等生活用品和奢侈品，反映出当时无锡商品经济的发达。以城中直河附近洞虚宫、南禅寺等为代表的宗教场所也香火缭绕，宋洪迈《夷坚志》中就记载了好几则以南禅寺为背景的无锡轶事。

南宋绍兴年间（1131—1162年），朝廷在江阴设市舶司，无锡所产的陶瓷、丝绸通过运河水系纷纷运往此处，再远销海外。商贸的兴旺繁荣也使无锡逐渐改变"日中为市"的旧习，出现了早、晚两市。20世纪60年代初，在城中直河原太平桥处的考古发掘中，发现一条保存完好的砖街，砖街两面填土处发现了多枚"熙宁通宝""政和通宝""宣和通宝""淳熙通宝"等宋代古钱，显示了这一时期无锡运河沿岸商贸的繁荣。

由产粮大县到漕运要地

运河推动了唐宋以来无锡农业的跃升发展，使这里的粮食生产水平和质量不断攀升，在此基础上，无锡抓住了元代重修大运河和大力发展漕运的机遇，逐步在明清时期奠定了运河漕粮集散中心地位，随之孕育出兴旺的米市。

随着永嘉南渡和唐末、北宋末年纷争带来的人口扩张，无锡人口密度逐步上升，对粮食的需求也大大增加，元《无锡志》云："总以一县之土，计之得一万五千八百六十顷三十八亩有奇，而田居十分之九，山水共得其一。故贡赋之出，莫不尚于勤农，以为邦本，虽易世不能变。"

晋代以后，运河水利不仅富饶了无锡土地，同时也带来了中原先进的耢耙、龙骨水车等新式农具以及中原娴熟的农耕技艺和良种，使无锡西部和北部大片湖沼地区得以开发为圩田，耕地面积不断增加。南北文化融合推动了无锡农业的迅速发展，形成了"稼刈麦种禾，一岁两熟"的稻麦两熟制，粮食生产水平在江南首屈一指，成为远近闻名的产粮大县，仅每年进贡朝廷的"香粳""红莲稻"等优质稻米就多达五六万石。

隋代大运河的贯通，改变了无锡自给自足的传统小农经济，生产模式渐渐由单一的农业向农业与手工业融合转变，凭借"左姑苏而右南徐，引蠡湖而控申江"的地理优势，无锡这座小县城不断汲取运河养分而悄然成长，不仅成为江南重要的粮食生产基地，也在此基础上逐渐成为运河上粮食转运和集散中心。

唐朝对隋代漕运进一步加以规范，开元二年（714年）设水陆运使，开元二十一年（733年）设转运使管理漕运，最盛时每年通过运河运输漕粮二三百万石。天宝十四年（755年），"安史之乱"后，大批中原士民被迫迁往江南，许多人在无锡定居下来。战乱平息后，中原被各大藩镇割据，不仅不向朝廷纳贡，也阻隔了陆上的贡赋运输。京畿地区越发倚赖江南的资源输送，韩愈《送陆歙州诗序》即云："当今赋出于天下，江南居十九。"自此，唐朝的经济中心逐渐向江南转移，以"南粮北运"为核心的大规模运河漕运就此诞生。无锡也凭借优势条件成为朝廷倚重的粮仓之一。

宋代，朝廷继续依赖运河漕运，仁宗朝年运量达800万石（图2-20）。为解决太平盛世大量增加的人口与粮食供应之间矛盾，朝廷开始在全国推广占城稻等良种的培育，无锡人在积极培植新稻种的同时，大力实施稻麦间种，使得农田亩产在普通年景即可达二至三石，成

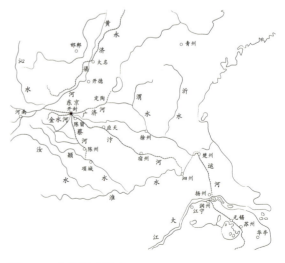

图2-20 宋代漕运地图

为江南优质稻米的主要产地之一。范仲淹曾说："苏常湖松，膏腴千里，国之仓庾也。"《宋史》有云："国家根本，仰给东南"，无锡自然也成为"南漕"要地之一。这一时期，无锡人多地少的矛盾更加突出，传统的农耕理念和小农经济模式受到了冲击，推动了手工业和商贸活动的发展，百姓逐步富庶起来。运河带来的宋王朝兴文抑武的文化思想也刺激了无锡民间读书仕进的风气，使得地方民风转向崇文重商。

元朝对隋唐运河进行截弯取直后，形成了京杭大运河。史载，当时仅从大运河主干道北调的南粮，就达全国总税粮的5/6。运河的疏通、漕运的发展，进一步促进了无锡经济，提高了无锡的运河货运集散地位。无锡运河上"商旅往返，船乘不绝"，两岸店铺鳞次栉比，各种作坊错杂开设。由于当时京杭大运河北段地势较高、水浅难行，无法保障大船随时通航。为使漕粮能顺利运抵北京，朝廷决定将长江至天津的水运改为海运。无锡由于处在江南运河与长江水运的联结点上，遂成为海运路线上的一个重要节点。顺风时，漕船从无锡出发，经长江口入海到天津，再到北京，只需8天时间。于是，朝廷决定在无锡设立亿丰仓，作为通过运河向大都输送粮食的重要官粮仓储基地。元陈迈《亿丰仓记》即云："置仓无锡州，以便海漕。"亿丰仓输纳无锡、宜兴、溧阳等地田赋漕粮，储量达470850石。

元代以后，虽然海运与河运不断交替，但无锡作为江南地区重要的漕运中心一直延续到清末。据光绪《无锡金匮县志》记载，元代无锡全县的人口从南宋淳佑年间的23万人增至35.5万人。元代元贞元年（1295年），无锡的行政级别也由县升州，政治、经济地位都得到了较大提升。1960年，在无锡军嶂山发现的元代钱裕墓内，考古挖掘出金、银、玉、漆器和丝织品等精美随葬品154件，其中出土的33张"至元通行宝钞"是我国现存唯一有确切年代查考的元代纸币，从一个侧面显示了当时无锡的富饶。

明代，运河漕运得到了更大发展。永乐十三年（1415年）停止海运漕粮，全部采用河运，明初每年由运河运粮达500万石。据《明史》记载，由于开国皇帝朱元璋实行"广积粮"的政策，全国各地设置了大量粮仓，无锡也设有储存白米的粮仓。作为优质稻米产地，无锡白粳米在明代被列为贡品，不仅是皇家婚庆喜事和每年祭祖的必需品，也是官吏俸米的重要来源。清康熙《无锡县志》载："明光禄寺志有无锡米仓一区，余郡县皆无之，且无锡米为尚方玉食之需，不与他处所产同贮。"明王士性《广志绎》云："天下马（码）头，物所出所聚处。苏杭之币，淮阴之粮，维扬之盐，临清、济宁之货，徐州之车骡，京师城陛、灯市之骨董，无锡之米，建阳之书，浮梁之瓷，宁、台之鲞，香山之番舶，广陵之姬，温州之漆器。"可见，当时的"无锡米"已成为全国最知名的商品之一，是名副其实的硬通货。

清代，无锡先后成为苏松常嘉湖五府的白粮采办和储运中心、江苏各县漕粮转运站、江浙两省办漕中心。康熙五十九年（1720年），无锡单源泰等粮行获官准代办漕米。《锡金小识录》载："每岁乡民棉布易粟以食，大抵多籍客米而非邑米也。雍正以前，邑米未尝不出境，而湖广、江西诸处米舶麇至，下流之去者少，上流之来者多。"反映出当时无锡粮食交易的兴盛。道光六年（1826年），朝廷决定恢复海运，从上海发出，运送漕粮到天津后运入北京，江浙各州县的官粮遂通过运河水系运抵无锡，再发往上海集中交官，运抵北京，这使无锡成为运河重要的漕粮集散地之一。

同治十一年（1872年），李鸿章在上海组建招商局，要求雇用招商局轮船运输官粮，为了节约运输成本，江西、湖南、湖北等省纷纷来上海采购官粮，委托招商局海运到北京，将上海本地粮食抢购一空仍不能满足运量，各省又都来无锡采办。光绪十四年（1888年），朝廷"南漕北移"，把浙江官粮拨到上海、无锡两地采购，并指定江苏各县官粮集中到无锡转运，无锡就此成为江苏全省和南方主要省份漕米的起运点，无锡与上海的联系更为紧密。

在与上海的互动中，从官方到民间，无锡都表现出充分的主动性和开放性，不仅积极接纳来自上海的人才、技术和资金，许多无锡人还纷纷赴沪上"学生意"，逐步发家致富。如荣氏兄弟、祝大椿、周舜卿、王禹卿等著名实业家，都是在上海开阔了视野、积累了经验、拓展了市场，有的在上海创业后回无锡建立生产基地，有的在家乡开厂后步步为营进军上海市场，他们之间建立了广泛的交流合作，在为无锡工商业发展注入资本的同时，也进一步加深了沪锡两地的经贸往来和情感联系。

光绪三十四年（1908年），原设上海的"粮道衙门"也迁至无锡，全国1/4以上的漕粮在此转运，每年办漕米达130万石。光绪三十一年（1905年），轮船招商局在上海成立招商内河轮船公司，不久又设立无锡分公司，到1929年，无锡已有轮船公司29家、运营机械轮船57艘，到1935年，仅货运拖船就有105

上编 大运河变迁的见证者　第二章 因大运河而生而兴的城市

图2-21　清代无锡漕运盛况

艘,年运米近千万石。无锡米市由此大盛,粮行、钱庄、堆栈相继建立,运河沿岸码头、市场一片兴旺(图2-21)。清无锡文人杜汉阶有一首竹枝词可以形容当时的盛况:"北塘直接到南塘,百货齐来贸易场。第一布行生意大,各乡村镇有银庄"。

由"小无锡"到"小上海"

19世纪末20世纪初,无锡米市从经营单一的稻米为主向包括大米、粉麸、油饼等多种原料的综合型粮食市场发展,凭借这一良好的市场基础,加之积极利用运河提供的各方面便利条件,过去以传统产业为主的县城"小无锡",一跃成为繁荣的"小上海"。

19世纪晚期,随着外来资本的进入和市场格局的演变,许多传统运河城市逐渐式微,无锡却厚积薄发,掀起了发展近代民族工商业的蓬勃浪潮,一举成为中国民族工商业的发源地之一。光绪二十一年(1895年),杨艺芳、杨藕芳兄弟就在大运河羊腰湾段创办了无锡第一家机器工厂——业勤纱厂(图2-22)。

光绪二十六年(1900年),无锡第一家以机器为动力的保兴面粉厂在运河中的西水墩旁创办(图2-23)。1913年,无锡第一家机器榨油厂润丰油饼厂在运河边的南尖创建。到20世纪30年代,无锡先后发展出数十家碾米厂、面粉厂、榨油厂,其中大部分建在大运河畔,运河为它们提供了便捷的运输通道和较低廉的运输成本。清末民初,无锡粮食常年吞吐量1200万石,其中有1000万石左右作为工业原料被使用。由此,无锡米市从消费品市场演变为以工业原料市场为主,传统粮行、米行的市场主体

057

图2-22　1895年杨艺芳、杨藕芳在大运河羊腰湾创办的无锡第一家机器工厂——业勤纱厂

图2-23　古运河畔保兴面粉厂

也逐步让渡给民族工商企业。

与米市齐名的布市、丝市发展也很快。乾隆年间，无锡北门外莲蓉桥一带布商聚集，运河沿岸开了不少棉布铺，形成了最早的无锡布市，成为无锡及周边地区棉布的重要集散地。《锡金小识录》载："坐贾收之，拥载而贸于淮扬高宝等处，一岁所交易不下数十百万。"清末，无锡布市年销售量达到七八百万匹，约占全国棉布产量的22.3%。光绪四年（1878年），无锡丝产量达13.8万斤，占苏常镇三府总量的38.8%，成为苏南最大的产丝县。据《江苏省实业行政报告书》，1913年无锡县

有养蚕户14.2万户,可谓家家栽桑、户户养蚕,形成了以运河北塘段一带江阴巷为中心的丝市,年销量达20余万斤,成为苏、浙、皖三省蚕茧交易集散中心。在此基础上,机器缫丝厂也纷纷在运河两岸开办,除了运输便利、招工方便外,纺织缫丝业是用水大户,无锡运河水质又特别适合纺织缫丝,沿河设厂便于企业取水生产。1936年,无锡机器产丝量达66.51万公斤,占全国总量的28.2%,成为全国最大的缫丝基地。

1925年11月1日,英文周报《密勒氏评论报》刊登了《无锡——中国匹兹堡》（Wusih-The Pittsburg of China）一文,用6页的篇幅全面报道了无锡工业发展状况,配发的无锡工业地图标出了31家企业和厂家的位置,涵盖了棉纺、面粉、缫丝等产业,把无锡比作美国工业重镇匹兹堡（图2-24）。1923年5月,无锡茂新面粉厂向北洋政府农商部商标局成功申请注册中国第001号注册商标"兵船牌"面粉,开创了中国商标知识产权法律保护先河。从此,"兵船"面粉走出无锡,漂洋过海,畅销世界,成为旧中国上海期货交易所面粉交易标准品牌,"兵船"商标成为中国民族工商业繁荣发展的重要标志（图2-25）。1930年2月,国民政府工商部、卫生部确定无锡为"全国工业模范区"。

图2-24 《密勒氏评论报》刊登《无锡——中国匹兹堡》

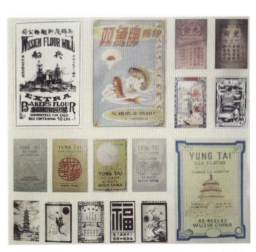

图2-25 无锡工商企业注册的部分商标,其中茂新面粉厂的"兵船"牌商标是中国商标注册史上第1号商标

工业的迅速发展及货物的大量集散带来了金融业的勃兴。早在清同治八年（1869年），无锡就出现了第一家经营存、放款和汇划等信用业务的钱庄，许多丝行也兼营钱庄业务。这些早期金融机构业务往来十分频繁，经合议，光绪二十五年（1899年）共同在运河边前竹场巷成立了无锡钱丝两业公所，可办理同业汇划、银两汇兑、拆放等交易，这是我国较早的票据交换所。竹场巷也成了清末民初运河畔的无锡金融一条街，许多大银行都在此设有分行：清光绪三十四年（1908年）设江南裕苏官银钱局无锡分局，1914年设中央银行无锡分行，1919年设中国实业银行无锡分行。20世纪30年代，江苏省农民银行、浙江兴业银行、田业银行、大陆银行等也纷纷在此设立分支机构或经营业务。光绪三十二年（1906年），无锡人周舜卿在上海开办信成银行，次年在运河北塘段财神弄开办信成银行无锡分行，这不仅是无锡第一家银行，也是中国第一家私营商业银行的分支机构（图2-26）。到1930年，无锡已有钱庄23家、银行6家。

清代后期，朝廷为财政开源，在全国发达地区选择"通衢大邑""交通扼道"设局建卡，按货值抽厘课收商品过境税，称"厘金"。无锡成为全国建卡最多的地方，共设

图2-26　无锡人周舜卿开办的信成银行发行的十元钞票

厘金税卡12个，仅北塘运河周边就建有黄埠墩、北栅口、普济桥三处税卡。光绪二十九年（1903年），无锡厘金总局年收入占全省10%以上，无锡市场的繁荣可见一斑。

光绪三十二年（1906年），沪宁铁路沪锡段建成，1年后全线贯通，特别是随后沪宁线与沪杭铁路、津浦铁路接通后，全国各地通过铁路运来无锡的货物越来越多（图2-27）。以粮食为例，到20世纪30年代，无锡铁路每年可运面粉550万包、米140万石，无锡米市收到的"车货"与"船货"已各占一半。铁路货运不仅扩大了货品的市场范围，也强化了无锡与各产销腹地之间的联系。20世纪30年代初，无锡每年春天都会在天津《大公报》上连续刊登一个月广告，内有"请到无锡来，无锡是个好地

图2-27 1933年的无锡火车站中外客商云集,各地通过铁路运来的货物越来越多

方"的城市宣传语,这句话后被曹禺写进了话剧《雷雨》中。

当时,铁路运来无锡的原料及货物经过加工和分销后,仍需要通过无锡四通八达的运河水系发往更多的地方,运河仍是货物运输的交通主干,铁水联运奠定了无锡区域交通枢纽的地位,并延续至今。铁路与运河这两条交通主动脉,大大加速了这里的商品周转,使无锡的市场区位优势更为凸显。

与此相适应,无锡的市场布局乃至城市格局都发生了很大变迁。以粮食业为例,铁路开通后,米市布局大为改变。晚清时无锡主要有八段米市,其中南门外三段、西门外一段、北门外四段,这一布局有利于向四乡和各邻县吞吐稻米。但沪宁铁路修成后,八段米市开始向北门外集中,到20世纪20年代,仅运河边北塘至三里桥段,就聚集了140多家粮行。这不仅因为此处运河水面开阔、水路四通八达,更重要的是,无锡火车站修建在城北运河工运桥段,距离三里桥很近,使得市场纷纷向在这里汇集,很快就形成了沪宁线上最繁华的商贸中心之一。

到1937年,无锡已拥有纺织、缫丝、面粉、碾米、造船等20多个门类315家工厂,6万多工人居全国第二,生产总值、工业年产值均居全国第三,综合经济实力居全国第五,生产的兵船牌面粉、锡山牌蚕丝、双鱼牌面纱等产品享誉海内外，工商实业兴旺带动了城市各领域的繁荣发展，无锡由此被誉为"小上海"，成为继上海之外东南沿海第二大民族工商业中心城市，并跻身中国六大工业城市之一（表2-1、图2-28）。

位于大运河中心的江尖渚，就是无锡因运河而生而兴而荣的缩影，在无锡由"小无锡"变身"小上海"的过程中，演绎了由"运河蓬

表2-1　1937年无锡在中国六大工业城市中的地位

项目		上海	天津	武汉	广州	青岛	无锡
工厂	企业数	3485	1224	787	1104	140	315
	占全国（%）	18.6	6.5	4.3	5.9	0.7	1.7
	名次	1	2	4	3	6	5
资本额	总金额（万元）	19087	2420	2086	1302	1764	1407
	占全国（%）	39.4	5	4.3	2.7	3.6	2.9
	名次	1	2	3	6	4	5
总产值	总金额（万元）		7450	7329	10156	2709	7726
	占全国（%）	45.9	4.7	4.6	6.4	1.7	4.8
	名次	1	5	6	3	7	4
工人数	总人数	245948	34769	48291	32131	9457	63760
	占全国（%）	31.1	4.4	6.1	4.1	1.2	8.1
	名次	1	4	3	5	6	2
总名次		1	2	3	4	5	6

图2-28　民国时无锡已经初具工商城市的形象

莱"到"陶码头"再到无锡碾米业中心的一段传奇。

在无锡北门之外，自古有芙蓉湖横亘于此，湖区烟波浩渺、渚岛众多。明代，随着对芙蓉湖的不断疏浚、围垦，有一块叫芙蓉尖的小渚渐渐露出水面，不少乡民迁居其上垦殖，使渚面渐渐扩大，成为运河中一座较大的渚岛，也使运河水在此分为两股。嘉靖年间，知县王其勤为修城墙而改道大运河，发现芙蓉尖具有天然的分水坝功能，可以减缓河宽水急的城北运河的流速，确保北门外航运安全，遂因势利导，进一步予以加固维护，形成了"无锡运河分流地"。

芙蓉尖进出需靠船摆渡，景色秀美，环境幽雅，深受文人墨客和隐逸之士的喜爱，曾被称为"蓬莱庄"。随着运河分流带来的交通便利，明末开始，大运河无锡段南来北往的船只纷纷云集此处，昼夜更替不止，使这里成为米市的一部分。善于经营的无锡人在原本清幽的"运河蓬莱"芙蓉尖上开设了不少陶器店，店家从宜兴运回各种陶器，借此地四面环水、装卸方便的优势，存储、交易陶器，将这里变成了无锡陶业的集散地。

清末以后，环绕芙蓉尖四条河浜之一的酱园浜沿岸，集中了许多酱园和糟坊，逐渐形成了酱糟业集散地，成为运河上著名的酱码头，制酱制酒的缸被大量堆放到芙蓉尖上。每逢农历七月三十夜，芙蓉尖父老乡亲为纪念元末义军首领张士诚，将渚上随处可见的缸甓累叠为塔，燃灯其上，名曰"宝塔灯"，是大运河无锡段独有的民间风俗。无锡诗人秦颂石竹枝词云："浮屠七级叠银缸，万火齐明照十方。"无锡百姓遂将此地称为"缸尖渚"，无锡方言"江""缸"同音，慢慢地"缸尖渚"也就变成了"江尖渚"，俗称"江尖"，这个名字不仅蕴含着传统风俗，也是传承了运河工商文化。

到20世纪30年代，江尖已形成大规模陶器市场，各地运粮船只在对岸三里桥一带售米后，利用空船装载陶器返航牟利。1937年，小小江尖共有陶器栈九家，成了大运河无锡段中的"陶码头"，其中蒋仁茂、蒋义茂陶器栈最大。宋代以来，江尖生产的以糯米和惠山二泉水酿制而成的惠泉酒也闻名于世，《红楼梦》中两次提到了这款名酒。清代文人秦瀛在《梁溪竹枝词》中吟道："买得蜀山窑器好，为郎亲试惠山泉"，清晰地勾勒了江尖这两大支柱产业。无锡文人杨莲趺在《芙蓉湖棹歌一百首》中吟道："蜀山窑器名泉酒，个个船来买一回。"并注曰："粮船北上，必集湖尖，置办义兴窑器及惠泉酒。"

清代发达的运河水运也催生了押船镖客这一特殊行业。清中叶，江尖渚上曾有一座环秀庵，据《清稗类钞》记载，环秀庵住持智海和尚武艺高强，据传曾是年羹尧部下，各船镖客凡途经此地，都要降旗以示敬意，明代以来迁居江尖从事缸业的邹氏家族子弟多为智海门徒。清末民初，江尖邹氏家族逐步发展成渚上最大的家族之一，与蒋、袁、陈三家并称无锡陶业"四巨头"。

清末民初，江尖邹海洲拒绝像其他陶业大亨一样抱残守缺，而是将其产业推向碾米业、纺织业发展。邹海洲先是在江尖开设了邹成泰臼坊，以代客加工为主，后见生意不错，就向上海新昌机器厂购进锅炉、铁辊碾米机、80匹马力引擎等设备，于宣统二年（1910年）成立了邹成泰机器碾米厂，每天生产白米约240石。当时，无锡只有宝新和邹成泰两家碾米厂，产品十分畅销。1927年，邹成泰在机器上装设马达，成为无锡第一家以电为动力的碾米厂。1943年，邹成泰又制成谷米分离筛，在我国碾米工业自动化史上写下了浓墨重彩的一笔。除了碾米厂外，江尖邹氏还陆续开设了泰丰面粉厂、邹成茂油饼厂、邹成泰石粉厂、邹成泰橡胶辊筒厂等企业，成为当时无锡著名的产业集团。江尖也在邹成泰的引领下成为民国无锡碾米业的中心，1937年无锡17家碾米厂中5家在江尖渚上，其余也大多围绕江尖开设。

2003年，江尖渚被建设为古运河中第一座公园（详见第六章第二节），曾经庭院深深的邹家大院内留下了一副刻有"道乡遗泽"四个大字的雕花门头，向我们诉说着江尖旧日的荣耀。

第四节　城市与运河的相依共生

运河交通为沿岸城市的兴起和发展提供了契机、创造了条件。为了维持运河功能，需要持续保护运河，适时疏浚河道、开通支流，不断兴修沿线码头、堰闸、堤坝、塘岸、驿道等基础设施，无锡就是这方面的典型代表之一。

疏浚河道

唐代以来国家财赋依赖江南，漕运兴起，朝廷十分重视运河治理。元《无锡志》即云："自唐武德以后，至今累浚，为东南之水驿。"唐元和八年（813年），常州刺史孟简对伯渎河等运河进行了全面疏浚。北宋嘉祐三年（1058年），王安石守常州时开运河。三年后，常州知府陈襄又浚运河。之后，崇宁年间

（1102—1106年）、大观二年（1108年）、宣和五年（1123年）、绍兴十六年（1146年）等年份，均有疏浚无锡运河的记录。城中直河段"一弓九箭"、支脉纵横的水网也是在宋代开始逐步形成的。明嘉靖二年（1523年），在运河北岸分别开西新河、永安河、苏塘河等支脉计12500余丈，以助运河之水泄入长江。崇祯七年（1634年），无锡知县陈志忠通锡山驿至洛社段运河5213丈。清康熙二十八年（1689年），无锡知县徐永言修运河浅处490余丈。乾隆五十年（1785年），江苏巡抚闵鹗元檄疏五牧、洛社段运河1260丈。同治十二年（1873年），疏浚了五牧至高桥段运河。1933年，疏浚了莲蓉桥段河道250多米。1935年，治理了五牧至洛社段运河，挖土上万方。

修筑堰、闸

古代，无锡运河部分河段水势较小，进入枯水期逆水行船较为困难，需要在一些点位造堰修闸调节水势、储水通船。唐景龙年间（707—710年），在城中直河西水关附近筑将军堰，防止运河水泄梁溪。唐至德年间（756—758年）重修望亭堰，后为满足漕运需求，北宋淳化元年（990年）废望亭堰为闸，并于南宋嘉泰元年（1201年）修成上下二闸，固护水源。宋嘉祐三年（1058年）建五泻堰，用以灌溉圩田、保障通航。《宋史·河渠志》载："乾道六年（1170年），填筑五泻上下闸，及修筑闸里堤岸，仍于郭渎港口舜郎庙侧聚水处筑捺硬坝，以防走泄运水，委无锡知县主掌钥匙，遇水深六尺，方许开闸，通放客舟。"充分显示了地方对运河水闸运行的重视。北宋元祐年间（1086—1094年），又先后在石塘湾陡门修斗门闸、在北门外大桥下修莲蓉闸。明代以后，江南巡抚周忱治理芙蓉湖，运河水势趋于平稳。

修建桥梁

自隋代建利津桥、西门吊桥以来，无锡修筑了大量跨运河的桥梁。唐代先后修建了南市桥、凤光桥、斜桥、胡桥、莲蓉桥、盛巷桥等一批跨城中直河的津梁，继而又在运河入境无锡处建洛社桥、潘葑桥，唐永淳二年（683年）在运河与苏州分境处建风波桥。宋元以来建造了北仓桥、中市桥、南市桥、泰定桥、虹桥、西水关桥等大批跨运河的桥梁。明代则修建了清名桥、跨塘桥等，据清乾隆年间《无锡县志》载，当时无锡老城内共有45座桥，城垣周围有17座桥，大多跨运河水系。1917年，源康丝厂经理吴子敬在黄埠墩附近，筹款建成

图2-29　1917年建造了无锡市第一座钢铁桁架桥——吴桥

了无锡运河上第一座钢铁桁架结构的桥梁"吴桥"（图2-29）。

建驿道、设驿站

元《无锡志》载："出州南门迤逦望东南，行过新安镇望亭乌角溪口通吴桥与平江路长洲县界驿道接，从此径平江城，为州之向南驿道。出州北门过高桥转石塘湾迤逦望西北，由洛社市至五牧桥，与晋陵县界驿道接，从此径本路城，为州之向北驿道。"反映出元代时无锡驿道依运河而建。早在隋开皇九年（589年），无锡便已有驿站。唐代诗人皮日休诗曰："丞相常思煮茗时，郡侯催发只嫌迟。吴关去国三千里，莫笑杨妃爱荔枝"，讲的是宰相李德裕嗜好无锡二泉水，经常遣人借驿传送水，反映了唐代无锡驿道已较为发达。宋代，无锡已有太平驿、北门驿、南门驿3处依运河布局的驿站。元代则设有洛社、新安2处水马驿及14处急递铺。明朝设锡山驿、五牧驿及9个急递铺，城外驿道可容5马并驰，十分繁忙，有"江南孔道，羽书旁午"之誉。弘治年间（1488—1505年），朝鲜人崔溥在《漂海

图2-30 20世纪20年代的工运桥

录》中就清晰描述了沿运河北上时目睹无锡驿传系统的情况。嘉靖年间（1522—1566年），日本遣明使策彦周良沿运河而行时，见到了正德六年（1511年）重修的锡山驿。

修筑塘岸

运河塘路既有驿道作用，也是河岸堤坝和船行纤道。大运河无锡段塘路分城北段、城南两段，城北从三里桥出发，沿大运河东岸往西北而去，经高桥、石塘湾到洛社、五牧，城南段从锡山驿开始沿大运河西岸向东南方向，经南长街到新安、望亭。明万历三十年（1602年），常州知府欧阳东凤筑无锡南塘内外河岸。明万历唐鹤徵《河渠说》载："官出水衡钱募夫筑堤，寒荍塞罅""其堤面阔丈有咫，基倍之，多置闸堰"，反映了这一时期的运河堤修情况。明天启二年（1622年），无锡知县刘五炜修筑北塘鹅子岸320丈。清雍正九年（1731年），署县事胡慎筑三里桥至高桥塘岸1200余丈。光绪元年（1875年），金匮知县廖纶修北塘塘岸。1929年，无锡市市政筹备处修工运桥驳岸（图2-30）。

驻军保护

清代在各地设分汛，派遣由千总、把总、外委所统率的绿营兵零星驻防。乾隆、嘉庆年间（1736—1820年），无锡驻扎了1名千总、1名把总、2名外委、50名汛兵（图2-31）。这些兵将全部沿运河布防，自大运河北入口五牧开始，在洛社、潘葑、黄埠墩、双河、西定桥、清宁桥（清名桥）、十里亭、新安、望亭等10处运河节点均有驻防，显示了对运河的重视，也体现了无锡运河的枢纽作用。

随着这些工程的兴修利用，大运河无锡段河道通航功能不断加强。无锡还不断完善附着运河的各类交通设施，使得唐宋以来，在无锡地区形成了较为典型的以运河为核心的全域交通体系。民国以后因为工业发展和人口激增，河道污染加剧，政府逐步重视对该方面的治理。1920年，无锡市公所即开始雇用民夫每日清理河道。1928年，县政府限定粪船停泊运河，并为这些船只划定停靠区域。1929年颁布了《清河夫服务规则》。

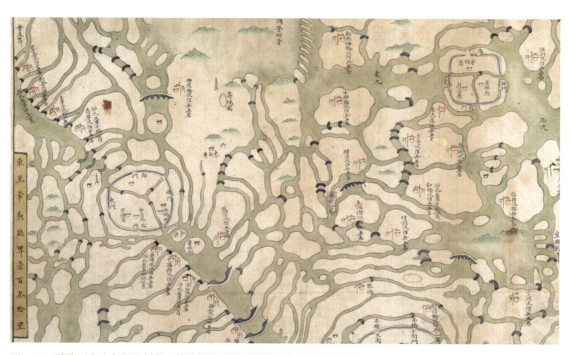

图2-31 乾隆至嘉庆年间常州营汛境地界驻兵图无锡段（大英图书馆藏）

历史上，朝廷对大运河无锡段都十分重视，对影响无锡运河正常水运的官员进行处罚。北宋熙宁年间（1068—1077年），沈括兄长沈披破坏了无锡五泻堰，导致运河之水倾泄江阴，遭朝廷降职。清乾隆五十年（1785年），无锡运河河道干涸，导致漕船受阻，朝廷降旨察问："于河道虽非专管，但河路干涸，此独非地方事务，而竟置之不问"，布政使闵鹗元因此受到处分。据无锡文人钱泳《履园丛话》记载，嘉庆二十年（1815年）建运河北望亭桥时，乡民呼吁建一条纤道以方便舟楫来往。时任无锡知县韩履宠即问原来有没有纤道，得到否定答案时，韩履宠曰："那就率由旧章，不必建了。"结果此地每遇大风便浪高流急，因无纤道供拉纤使用，往往船翻人亡，百姓苦不堪言，韩履宠也因治水不力被削职。直到道光九年（1829年），乡绅赵汉侯集资开疏望亭万宝泾，分流运河水，便利航运，才使望亭运河恢复安宁。

在治理大运河无锡段的过程中，无锡民间也涌现了许多有贡献的治水人物，留下了许多脍炙人口的轶事。北宋熙宁七年（1074年）秋，苏轼途经无锡，写下了《无锡道中赋水车》，其中"洞庭五月欲飞沙，鼍鸣窟中如打衙。天工不见老翁泣，唤取阿香推雷车。"描述了无锡百姓汲水抗旱的场景。出生无锡宜兴的水利专家单锷呕心沥血多年，撰成《吴中水利书》这部太湖地区的水利巨著，书中记载道："熙宁八年（1075年）大旱，运河皆涸，不通舟楫，锷自武林过无锡，语邑宰焦千之率民车四十二管，车梁溪之水以灌运河，五日河通。"说的是在苏轼到无锡后的第二年，单锷让无锡县令焦千之抽梁溪河水补充运河、确保通航的故事。苏轼得知后，对单锷的治水方略十分欣赏，特地向朝廷推荐了这本书。

清乾嘉年间，内阁学士无锡人邹炳泰和一些乡绅为保"风水"，将连接西水墩与沿岸的显应桥堵塞成坝，此举影响了运河水系通畅。不久，无锡久旱成灾，西北钱桥乡民公推监生支浩明为约正，请求县衙裂坝引水，但遭邹炳泰等人阻挠，反将支下狱，重刑逼迫收回公禀，致其右腿被刑棍夹断。支妻秦氏在因阻止筑坝而遭罢黜的县吏指点下赴京告状。嘉庆帝在无锡籍状元顾皋的斡旋下，降下圣喻：准许开坝，释放支浩明。于是坝开水泻，万众额手称庆，运河水系得以畅通。清康熙十九年（1680年），乡绅顾敦捐资修筑三里桥至石塘湾20余里塘岸。1917年，乡绅孙鹤卿、孙应南等人募修黄埠墩至高桥10里驳岸。1918年，民族资本家荣德生、薛南溟等人捐款修筑清名桥至望亭30里堤岸。

　　近代无锡还诞生了许多运河水利专家。清末民初著名工程师、翻译家徐建寅在公派欧洲期间详细记载和学习了国外运河船闸技术。民国水利专家须恺著有《运河与文明》《导淮问题》等著作，参与主持建造大运河苏北段几座现代运河船闸。水利专家孙辅世在民国时期积极倡议整理运河工程。特别是出生无锡运河边的近代教育家、水利专家胡雨人，在兴办学堂、普及新学的同时，积极从事水利研究，著有《江淮水利调查笔记》，对江淮水利和运河治理提出过许多科学方法，成立无锡县水利研究会，倡导疏通无锡运河、改建运河桥梁、解决水旱灾害等一系列积极主张。

第三章　大运河是流动的博物馆

对于大运河畔的人们来说，这条文化长河记录了城市的悠悠历史，满载着一代代人的乡愁记忆。

从有运河开始，无锡先民就傍河而居、因河设市、以河为生，正是这千百年来与运河的相生相伴，孕育出独具特色的无锡运河文化。大运河无锡段，集寺、塔、桥、街、窑、宅、坊、弄、馆、驿、堂、墩等于一体，涵盖了多种文化形态，大量的历史文化遗迹和非物质文化遗产汇聚于此。流连其间，仿佛走进了一座活态博物馆。

世界上许多城市都有博物馆之誉，比如荷兰阿姆斯特丹被称为"欧洲露天博物馆"、乌兹别克斯坦布哈拉被誉为"中亚建筑博物馆"、古巴的特立尼达小城被视为"真正的城市博物馆"，等等。世界各地也有很多以运河为主题的静态博物馆，比如英国伦敦运河博物馆、美国伊利运河博物馆、巴拿马运河博物馆等，而无锡深厚的运河文脉、丰富的运河文化资源和保存良好的运河文化遗产，令她在世界运河城市中占据着独特的地位，是中国大运河中流动的博物馆。

第一节　无锡北塘运河码头——游圣徐霞客旅行起讫之地

万历十五年（1587年），徐霞客（图3-1）出生于无锡江阴，在读了《晋书·陶潜传》后，立下了"大丈夫应当走遍天下，朝临烟霞而暮栖苍梧，怎能限于一地终老此生"的誓言。从万历三十六年（1608年）开始，他历经30多年，足迹遍及大半个中国，先后走过江苏、浙江、云南、贵州、福建、湖南、北京等21个省、市、自治区。他冒着生命危险，探索大自然奥秘，并把所见所闻记录下来，留下60余万字的国际知名地理巨著《徐霞客游记》。2011年3月30日，国务院常务会议通过决议，将每年5月19日定为"中国旅游日"。这一天，正是《徐霞客游记》首篇《游天台山日记》的开篇之日（图3-2）。

这位与马可·波罗齐名、具有世界声誉的"东方游圣"与无锡有着极为密切的关系。他在东林文化熏陶下成长，在其母家小娄巷王氏的支持帮助下跨出了远游四方、记录方舆的第一步。更为重要的是，他一生远游的往返都通过无锡运河，大运河无锡段见证了徐霞客旅行

 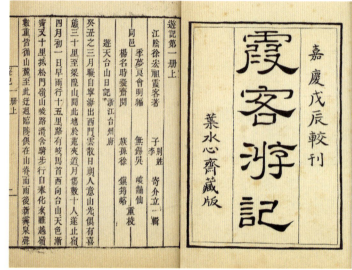

图3-1 徐霞客　　　　图3-2 《霞客游记》书影

与中国大运河的紧密联系。可以说,无锡不仅是霞客出行的起讫之地,也是勇于探索、敢于突破、知行合一、尊重实践、追求真理的霞客文化精神诞生地。

作为中国历史上著名的地理学家、旅行家、游记文学家,徐霞客祖籍无锡北门外马镇(今江阴霞客镇),其一生16次远游,北历三秦,南及五岭,西出石门、金沙,往返起讫皆是在无锡北塘运河码头。其中10次在游记中有详细记载(图3-3)。

第一次是万历四十一年(1613年),徐霞客首次游浙江,有《天台山日记》《雁荡山日记》为证。二月上旬他从家中乘小船至无锡北塘,在运河码头换乘帆船,沿大运河先至杭州,经宁波渡海游洛迦山,再回宁波经奉化抵达宁海,先后游天台山、雁荡山,回程时先到杭州,再从大运河抵无锡。

第二次是万历四十四年(1616年),徐霞客正月二十六日离家,与叔丈许学夷从北塘运河码头乘帆船至南京进入安徽,游白岳山、黄山、九华山,有《白岳山日记》《黄山日记》为证,后又绕道江西至福建游武夷山,有《武夷山日记》为证,然后回杭州登船从大运河归锡。

图3-3 徐霞客旅行路线（马超 绘）

第三次是万历四十六年（1618年），徐霞客与堂兄徐应震、徐俊闲八月初从北塘运河码头登船至镇江，乘船沿长江到九江，游庐山，作《游庐山日记》。九月初三从庐山过鄱阳湖，经浮梁、祁门到白岳山榔梅庵，经汤口游黄山，作《游黄山日记（后）》。《徐霞客墓志铭》曰"登九华而望五老，则戊午也"，可知他登九华山后，沿长江归程，从镇江上岸后由大运河回无锡。

第四次是泰昌元年（1620年），徐霞客在端午节后一天与族叔徐芳若，从北塘运河码头出发至杭州，观钱塘潮，经江山县青湖，逾仙霞岭古道，抵兴化府，至九鲤湖，夜宿九鲤祠，祈梦问母寿，有《九鲤湖日记》佐证。这次出游共63天，游浙闽两省11府19县，往返起迄皆在北塘运河码头。

第五次是天启三年（1623年），徐霞客二月初一从家中出发，至北塘运河码头登船沿大运河至徐州，往郑州黄宗店，经密县至登封游嵩山，有日记。后再游太华山（华山）后从陕西至湖北武当山，有《游太华山日记》《游太和山（武当山）日记》。三月十五离开，从长江乘船至镇江上岸换乘运河帆船，四月初九抵北塘运河码头回家。

第六次是崇祯元年（1628年），徐霞客二月二十出发为闽广之游，先从北塘运河码头至杭州，四月初九至漳州见族叔徐日升，访黄道周于漳浦，后又到广东罗浮山访郑鄤，最后返回杭州从大运河回锡。

第七次是崇祯三年（1630年），徐霞客七月十七日出发，和先前路线一样从大运河至杭州，二十八日至龙游，改乘到福建青湖的船只，舍舟陆行19天方抵漳州见族叔徐日升，有《闽游日记（后）》，往返皆在北塘运河码头。

第八次是崇祯五年（1632年），徐霞客与族兄徐仲昭第二次游天台山、雁荡山，纠正了大龙湫之水来自雁湖的讹传。期间，徐霞客与好友陈函辉在台州挑灯夜话（《徐霞客墓志铭》就是陈函辉所题），这次旅游往返皆在北塘运河码头。

第九次是崇祯六年（1633年），徐霞客五、六月份从大运河无锡段出发绕道南京之后北上北京，七月二十八日离京游五台山、恒山，均有游记为证，返回亦皆从北塘运河码头。

第十次是崇祯九年（1636年），徐霞客开始了离家四年的西南远游。这是路途最远、离家最久、成就最大的一次旅行，目的是为探寻长江源头，是一次重要的地理旅游考察，奠定了他"长江探源第一人"和"中华游圣"的地位。据《小娄巷日记》记载，九月十九半夜，徐霞客从马镇胜水桥放舟离开，同行者有静闻、顾仆、王二等人。天明到无锡，他急忙到小娄巷与舅家亲友告别，再从北塘运河码头出发，绕道松江佘山与好友陈继儒辞行。继而历经四年，溯江择源，川游峨眉后，从湖北黄冈自长江顺流而下返乡，照理可以直达江阴黄田港后上岸返家，可是他提前在镇江上了岸，由镇江沿运河至无锡，在北塘运河码头换坐小船回家。

无锡北塘运河码头之所以成为游圣远游起讫的必经之地，与它在大运河交通运输中的特殊地位有着重要的关系。其实，不仅是徐霞客，对于当时许多无锡、江阴乃至江南地区的百姓而言，北塘码头都是他们远行的一个主要起讫点、重要换乘站。

徐霞客家乡马镇位于江阴南乡，与无锡堰桥仅一河之隔，距离北塘运河码头也不过20多里路，比到江阴城要近不少。过去，无锡北门之外北至江阴南部马镇、青阳一带。东北至锡东严埭，西至锡澄运河这一片区域被称为"无锡北门外"。20世纪70年代以前，马镇、南闸的百姓说要"进城"，指的是无锡城，从外地邮寄信件时写上"无锡北门外某地"或"锡北某地"比写上"江阴某地"要早到一天以上。因此，就民间习惯的地理范围而言，徐霞客属于无锡北乡人。过去，江南百姓出行多乘船，农村河流港汊普遍规模狭小，通不了大船，出远门时只能先划小船到北塘运河码头，再乘坐码头的大型帆船沿运河去往各地。这也是为什么徐霞客最后一次远行时，在卧病的情况下，回程时仍未从镇江到江阴黄田港后回马镇，而是在镇江入大运河后先到北塘运河码头再换小船回马镇的原因。

北塘运河码头在很长一个历史时期内，都是江南运河中重要的交通枢纽。这一带原在芙蓉湖内，经宋、元、明几朝的治理和围垦，北塘地区的芙蓉湖水域缩减为几条塘河，名为北门塘，简称北塘。其中黄埠墩周围一段河面最为宽阔、河底最深。无锡百姓在疏浚大运河过程中，不断整修加固，逐步形成了规模巨大的北塘码头，最多时可停泊大船数百艘，为北塘沿岸日后成为米市、布市奠定了基础。明代起，以北塘码头为中心数十里半径范围内的四乡百姓都会坐小船集中到这里，再乘坐大船前往各地。弘治七年（1494年）《无锡县治图》中在北塘出现了"接官亭"，表明北塘运河码头也是朝廷官船抵达无锡后驻泊的港口。

自明永乐年间（1403—1424年），北塘运河码头开始成为江南百姓前往武当山朝拜真武大帝的香船集合之处，之所以选择此地，是

保护 传承 利用　**中国大运河**　依河而生 因河而兴 工商文化历久弥新 运河精神生生不息

因为大运河北塘段是苏南运河中唯一可以同时容纳数百艘船只的运河河道，足以看出北塘码头的枢纽地位。天启三年（1623年），徐霞客也参加了一次武当进香，他和进香船队差不多时间进入大运河，但没有直接入长江赴武当山，而是先去陕西游玩，再入境湖北，第一次登上了武当山（时称"太和山"）天柱峰。可就当他兴冲冲地来到峰顶金殿时，却被镇守此处的千户和道官拦住索讨"香金"。一向"穷游"惯了的徐霞客见状大怒，拂袖下山而去，并在《游太和山日记》中愤愤写道："需索香金，不啻御夺。"

直到20世纪30年代，无锡上千艘木帆船依然主要集中在北塘河岸一带停泊，33条运河小轮航线中也有30条从北塘运河码头附近往返（图3-4）。到1948年，北塘三里桥沿河日开客运班船达69班之多。新中国成立后相当长一段时间里，北塘码头和徐霞客航线仍然发挥着重要作用。1980年开通的无锡至杭州客运航线中，从无锡出发的客轮依然沿着徐霞客当年出行的路线，由古运河经苏州进入浙江，最终抵达杭州武林门码头。1982年，这条线路改从太湖入浙后，当遇到风浪大的天气时，依然要绕道运河，年输送旅客最高时可达15万人次。

徐霞客旅行起讫点都在北塘运河码头的另一个重要原因，是其出生后，长时间学习、生活、成长在无锡小娄巷。小娄巷位于旧时无锡城中直河附近，历史悠久、人文荟萃，汇聚了许多无锡名门，仅明清两朝就出了1名状元、11名进士、15名举人、近80名秀才，被誉为

图3-4　20世纪20—30年代的无锡轮船站

"江南书厨，无锡才巷"。其中以**"孝悌力田，廉耻为本，读书乃第一义"**为家训的"嘉乐堂"王氏，诞生了以明代地方史学者王永积、近代文学家王蕴章、民国中将王赓、汉字激光照排之父王选院士等为代表的众多著名人物。徐霞客母亲王孺人就出身于这个家族。

王孺人（1545—1625年）乃嘉乐堂王重道小女，出生在无锡北门外江阴巷。嘉靖年间，倭寇侵扰无锡，江阴巷残破，王家遂迁入城内小娄巷。王重道因此被时人称为"城东王公"，他在鸿胪寺任职时与徐霞客曾祖父徐洽是同僚。嘉靖四十三年（1504年），19岁的王孺人嫁到马镇徐家。徐霞客父亲徐有勉秉性耿直，与马镇乡里的豪强关系不睦，常住在小娄巷丈人家，一次出行坠马摔断腿后更是深居简出。徐霞客乃徐有勉夫妻42岁所生。因老来得子，十分钟爱，王孺人便带着年幼的徐霞客长期住在小娄巷父亲家或是女婿家。

徐霞客从小对科举不感兴趣，特别爱读地理、历史类书籍，欲问奇于名山大川，探寻长江源头。王孺人不仅不反对儿子的理想，反而因势利导，鼓励他"志在四方，男子事也"，并特地为徐霞客制远游冠，以壮行色，推动他走出书斋，开启地理考察事业。王孺人在给予徐霞客出游经济支持时，要求他每次出游归来"袖图一一示我"，养成了霞客写旅游日记的习惯。王孺人悉心培养一个不事生产而是以旅游考察为业的旅行家，这在封建社会是非常罕见的，她的教育理念、胸襟气魄令人钦佩。

王孺人正直善良，多行善举，遇荒年出粮赈济百姓，还命徐霞客恢复了宣德年间清官张宗琏在江阴的君山神庙，又留晴山堂石刻保存先世遗墨，受到时人尊敬。霞客为报答慈母，在母亲八十大寿之际，延请四方名士为描绘母亲的《秋圃晨机》题签，东林大儒高攀龙题诗赞王孺人为"东海贤母"。

徐霞客姐夫王畸海是王孺人之侄，是个厌恶科举的饱学秀才，王畸海一家由徐霞客姐姐徐孺人当家，王畸海和徐霞客常常在一起，他与徐霞客亲上加亲、朝夕相处且义气相投，形成了不是师生胜似师生的亲密关系。王畸海喜欢结交名士，带当时还叫徐弘祖的徐霞客拜访了隐居上海佘山、名满天下的学者陈继儒，获得了陈所题"霞客"之号，徐弘祖日后便以此号闻名天下。徐霞客也与陈继儒成为了忘年之交，他晚年最重要的溯江探源之旅也是籍陈之力，在云南那些人迹罕至的不毛之地帮助他的唐大来、唐玄鹤、金公趾、纳西族首领木增、保山闪氏家族以及鸡足山弘辨、安仁大师等人，都是由陈继儒引荐的。

《徐霞客游记》的首位整理者王忠纫也是嘉乐堂王家人。王忠纫名永吉号忠纫，父王宁一早卒，靠堂伯父王畸海抚养成长，与徐霞客关系甚睦。《徐霞客游记》记载，霞客在第十次去西南远游前，决意去而不归，特地回小娄巷辞别亲人，与王忠纫、王孝先、王受时轮番饮酒，饮而醉、醉而饮、不忍别离，场面令人动容，可见他们几人关系非同一般。徐霞客去世后，王忠纫跑到徐家取回游记手稿，加以整理。

巧合的是，徐霞客最后一次旅行中病重后由丽江木府护送到了黄冈，在黄冈任县令的侯鼎铉也是无锡人，正是这位《徐霞客墓志铭》中所提到的"侯大令"及时备船将霞客送回无锡，才避免了游圣客死他乡。

大运河承载了游圣万里远行的壮志与梦想，也浸润和哺育了霞客文化（图3-5）。徐霞客从小生活在大运河无锡段，饮运河支流六箭河、七箭河水长大，在他的成长过程中，小娄巷王家的王孺人、王畸海、王忠纫三人对徐霞客成才、成功、成名起到了极为关键的作用。王家早先以耕读传家，明朝中后期大运河无锡段的进一步开拓畅通，带动了工商业繁荣，推动了城市发展，也开阔了以王孺人、王畸海、王忠纫等人的眼界和心胸，包容并蓄的

图3-5　1987年徐霞客诞生四百周年时，中国邮政发行的纪念邮票

运河文化与根植无锡的东林文化在小娄巷涌流交融。徐霞客年幼时恰逢顾宪成回东林讲学，他在小娄巷生活学习时深受运河文化、东林文化影响，产生了经世致用的思想，在王家开明家风的熏陶和其母王孺人的鼓励帮助下，立下了远大志向，并得以付诸实践，促使一代游圣在这里破茧成蝶。从徐霞客的成长、求学、交友等经历来看，他主要的生活环境是在小娄巷，北塘运河码头是其远行的起讫点。

第二节　康乾南巡每次从运河来无锡

加拿大阿尔伯塔大学博物馆收藏了一幅珍贵的《康熙南巡图》第七卷，该画以绢本设色，长2195厘米，以运河为主线，描绘了康

熙南巡无锡、苏州等地的情形，其中无锡部分的画面，首先展现了惠山、锡山、秦园（寄畅园）、黄婆墩（黄埠墩）等名胜，之后为无锡县城全貌，一直画到东陲的新安。可以说，无锡一带的山水、城垣、店铺、舟桥、民居、良田等都被一一绘制其上，真实记录了当时的风土人情、地方风貌和社会生活等方面，留下了几百年前无锡的珍贵图景。

康熙二十三年（1684年），清圣祖康熙皇帝颁诏天下，称即位以来，"懋求治理，以富以教，靡敢怠遑。犹虑蔀屋艰难，周由上达"，故巡行山东。后因其临阅运河河工，巡至扬州，遂谕江宁巡抚汤斌曰："朕欲周知地方风俗，小民生计"，继续向南到江南各名城游览。据记载，康熙帝担心扰民，首次南巡时一路供应自给，御舟进入无锡境内时，知县仍在县衙视事，并没有遥遥迎候。

康熙二十八年（1689年）正月初八，康熙皇帝开启了第二次南巡之旅。他由北京出发，沿京杭大运河逶巡而下，经山东入江苏，到无锡、苏州，再进入浙江，最后渡过钱塘江抵达绍兴。为了纪念这次盛典，两年后，康熙下令绘制此行全程，常熟画家王翚应诏率弟子用三年时间绘制《康熙南巡图》，得到了皇帝的褒奖。

之后，康熙又分别在1699年、1703年、1705年、1707年4次南巡。他历次南巡必到无锡，先后七次游览惠山和寄畅园。相传寄畅园中有一株有千年历史的大樟树，枝叶香气扑鼻，康熙每次临幸寄畅园，都抚玩久之，回京后也经常询问树况。待康熙皇帝宫车晏驾，这株千年老树也枯死了，百姓皆传以为异。清代诗人查慎行为此树作诗云："合抱凌云势不孤，名材得并豫章无。平安上报天颜喜，此树江南只一株。"

乾隆皇帝效法祖父康熙皇帝，先后于1751年、1757年、1762年、1765年、1780年、1784年6次巡幸江南，无锡也都是他每次必到之处，其中乾隆最喜爱的流连之地同样是惠山和寄畅园，先后11次（一说7次）登山入园。乾隆十四年（1749年）冬，皇帝降旨定于后年春天首次巡幸江南，特谕无锡县令王镐拨官银1000两修缮寄畅园。园主不敢接纳，推富户秦瑞熙出银三万两承修。乾隆十六年（1751年），皇帝如约而至，乘龙舟驶抵黄埠墩，登临翠环楼，但见惠山九峰环峙、蓉湖帆影点点，对大运河无锡段的景致赞不绝口，挥毫写下《黄埠墩》一诗："两水回环抱一洲，不通车马只通舟。惠山翠色迎眉睫，慢虑沾衣作胜游。"乾隆在龙舟四面设"幔城"，夜宿运河之上,第二天游览了惠山和无锡城。清黄印《锡金小识录》这样记载道:"二十日早晨,御舟至北塘,微雨,上易小舟至惠山""遂乘马由北塘入城……至南接官亭登舟。"

乾隆帝对无锡的喜爱溢于言表。据统计,他写无锡的诗达600余首,尤其对惠山和寄畅园情有独钟,留下了吟诵这两处的诗200多首。乾隆在品评江南胜地时认为,"入江南境,扬州但繁华,无真山水;金山佳矣,然犹戒心,惟惠山优雅闲静,江南第一山,非惠山莫属",并书"江南第一山"匾额,置于惠山寺门楼(图3-6)。直到乾隆五十四年(1789年),79岁的乾隆帝还特地从养心殿三希堂所藏的《石渠宝笈》中取出了张宗苍所画的《惠山迎驾图》,怀想回味当年南巡时的盛况,题诗曰:"每值南巡春仲月,轻舟必先朔梁溪。无锡一展石渠卷,陡忆群瞻跸路蹊。"并注:"六次南巡,必探惠山、寄畅园诸胜。"

康乾二帝喜爱惠山和寄畅园,因为惠山山水形胜驰名江南,是吴地一大名山,寄畅园乃江南名园之一,园主秦德藻、秦松龄父子延请叠石大师张南垣之侄张鉽修园,借景巧妙、叠石高超、理水精美、建筑洗练,锡邑文人墨客常于此间宴集唱咏,享誉海内。雍正、嘉庆南巡时也都曾多次选中这里留宿,对其十分倾心。自1684年康熙帝首次南巡到1784年乾隆帝最后一次南巡,整整一百年间,两位皇帝共12次巡游江南,每次都必游这里,康熙为之题"明月松间照,清泉石上流"匾额,乾隆吟诗赞曰:"清泉白石自仙境,玉竹冰梅总化工。"二帝留下了许多诗章和匾、联,寄畅园中至今尚存康熙"山色溪光"、乾隆"玉戛金枞"御书石匾额各一方。

从《康熙南巡图》中我们发现,康乾二帝出巡主要通过大运河(图3-7)。无锡发展仰赖运河,因皇帝巡视河工是沿运河而来,地方上必须重视河务管理,客观上促进了运河与无锡的发展。坐落运河一侧的惠山拥有大规模的祠堂,其中2/3是公祠,被视为运河沿岸百姓共同的精神家园、古代社会治理的缩影。寄畅园秦氏家族有着诗书孝友传家的优良家风,是江

图3-6 惠山寺

上编 大运河变迁的见证者 | 第三章 大运河是流动的博物馆

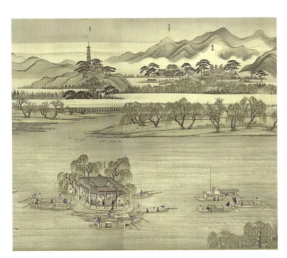

图3-7 《康熙南巡图》中的无锡锡山、惠山和黄埠墩

南文化世家。这两处地方代表了一种家国天下的普世价值，是运河文化的精神图腾，皇帝垂青此地，绝不仅仅是游览，而是要向世人表达对汉文化的尊重、展现满族君主的家国情怀，起到进一步安定人心、抚慰万民的作用。

康乾二帝南巡时，为迎接皇帝，无锡官绅先后修建了运河官塘、御道、驿道、码头等造福大运河无锡段的重要水利、交通设施，提升了运河的安全、有序、便捷、通畅性，起到了保护利用大运河的积极作用。据乾隆《无锡县志》记载，康熙年间，无锡士绅顾敦见北门土夯的官塘颓败塌陷，便捐资用条石修筑塘岸，从老三里桥运河沿岸开始，向北至双河尖、铁岭关过高桥一直延伸到孟里，使孟里易名为石塘湾，长达二十多里，起到驳岸、驿道、纤道的三重作用，是当时常州府修筑最好的一段驿道。至今老三里桥段石塘仍存于岸基之内，是江南大运河仅存的几条古纤道之一。康熙来惠山游览前，地方上还在惠山浜至宝善桥、寺塘泾一边修建了一条水面宽阔的烧香浜，连接了惠山和运河，既可以供御舟调头使用，也可以作为惠山的泄洪通道。

到了乾隆年间，官塘驿道等设施因年久失修，一度颓败。顾敦之孙顾光旭在巡游无锡石塘、检视破损情况时，曾感叹道："先公筑堤二十里，光旭愧不能修也。"而乾隆南巡再一次为大运河无锡段的河道整治提供了契机。当时，无锡县令王镐为做好供奉，特地于城中三皇街关帝庙设"大差局"督办接待事宜，在御舟必经的北塘黄埠墩、放生池、惠山龙头下（图3-8）及南门南水仙庙等处修缮御码头，

图3-8 惠山浜龙头下旧影

将莲蓉桥两块水盘石各加高五尺，以便御舟通行。此外，还沿运河整修了塘岸和驿道，并辟建"万人之上"御道两条，一条从北塘放生池起，沿运河经北塘大街、城中二下塘、南长街至南码头；另一条从惠山寺起，跨过运河经五里香塍、西大街及东大街与二下塘相接。

乾隆二十二年（1757年），皇帝第二次南巡江南时，在无锡望亭南营盘接到了军机处加急转呈的塘报，获悉回部小和卓叛乱。得报后，乾隆仍从容地驻跸寄畅园，次日清晨，才乘船从烧香浜驶出，由黄埠墩登岸，沿着大运河边修葺一新的驿道，策马扬鞭奔赴京师处理要务，留下了"笑我匆匆催骑去"的诗句。

明清是惠山一带繁荣发展的鼎盛时期，江南经济社会的蓬勃兴盛以及惠山、运河山水形胜的巨大魅力，吸引人们在此建起了大批道观、寺庙、祠堂、别业，以及碧山吟社、紫阳书院等诗社书院，寄畅园、愚公谷、栖隐园等园林。

明代后期，为了强化宗族的认同感和同姓的凝聚力，用族规、家训等戒律从精神上教化族人，民间联宗立庙建祠之风大兴，各大宗族纷纷聚集到人杰地灵的惠山脚下。在惠山横街、直街、惠山浜的上下河塘、听松坊、二泉里等地建起祠堂，以先贤祠、忠节祠、神祠、墓祠、宗祠等为代表的祠堂建筑群也逐步形成，在不足0.3平方千米的范围内分布着118处各种类型的祠堂建筑，其数量之多（图3-9）、密度之高、类型之全，令人叹为观止。明代无锡的文人浦长源对惠山祠堂林立的胜景咏道："出郭楼台三四里，游人不得见山容"。尤其是这些祠堂中，还有大量祭祀中国历史上有重大影响、贡献的先贤名人的祠堂，所纪念的有"法施于民"者，"以劳安国"者、"能捍大患"者、"以死勤事"者等，皆是忠臣良将、清官廉吏或义士贤达。比如楚国春申君黄歇、在"安史之乱"中殉节的忠臣张巡、"留得清白在人间"的名相于谦等，这种脱离宗族家族的聚集地而成群汇聚于惠山古镇的文化现象世所罕见。

天下之本在于国，国之根本在于家。中华传统文化所谓的"家国天下"思想中，家庭是社会最基本的构成单位，家族是实施社会管理的基本单元，家和则万事兴。所谓"国有国法，家有家规"，代表家族的祠堂包含了"仁义礼智信忠孝悌节恕勇让"等传统文化的多元内涵，代代相传的家风、家训、家规，成了古代基层的社会治理规范。

同样，寄畅园这座祠堂园林自明兵部尚书秦金创建凤谷行窝开始，始终为秦氏宗族

上编 大运河变迁的见证者 | 第三章 大运河是流动的博物馆

图3-9 惠山祠堂群

所有，秦家读书入仕、尽忠报国、仁孝友爱、诗礼生活等家风与封建统治者对臣民的要求殊为一致。乾隆十一年（1746年），秦家将园中嘉树堂改为双孝祠，供奉长于秦金一辈的秦永孚、秦仲孚兄弟，褒扬他们刻胸出血疗父心痛、吮痈舐血治母膝伤的双孝家风，并配祀秦家诸多先辈，使这座园林与祠堂在精神上融为一体，成为大运河无锡段一道独特的风景。为此，乾隆令随行画师手绘寄畅园图，在北京颐和园内仿照寄畅园建造了惠山园（今谐趣园）。

清代皇帝通过巡视天下笼络汉族官绅百姓、不断夯实政治基础（图3-10）。在大多数君主心目中，"治家"是国家管理的重要手段，家法、族规作为国法的基层诰本，与治国的道德取向趋于一致，在守护一方平安、确保

083

康熙南巡无锡城

《南巡盛典》所收《乾隆驻跸无锡运河程途》

清乾隆间《南巡盛典》所收《惠山图》

图3-10 康熙、乾隆南巡无锡

社会稳定方面可以发挥重要作用，有利于地方治理。因此，水陆交通便利的百姓敬祖仰贤之地无锡惠山，得以在康乾二帝的12次南巡中至少14次被巡幸。两位皇帝在此游山、品泉、观园的同时，也不断接见乡绅、旌尚忠孝、祭祀先贤，并以题字、赐匾等方式予以旌表。对统治者而言，这些已逝人物如果成为世人楷模、生人榜样，有利于家族和睦、社会和谐、国家稳定。

第三节 众多运河之最凸显无锡特色

每一座博物馆都有其镇馆之宝，比如大英博物馆的罗塞塔石碑、卢浮宫的蒙娜丽莎画像、故宫博物院的清明上河图等。对于大运河无锡段而言，诸多的"运河之最"，就是这里最吸引人的历史文化瑰宝。这些运河之最，有的曾经闻名遐迩如今却已消失，有的依然存在继续为大运河无锡段代言。

无锡米市——运河中最大的米市

无锡气候温和湿润，土壤肥沃，适宜稻米生长，自古产香粳、红莲稻等优质稻米，北魏贾思勰《齐民要术》中就把吴地大米视为良品，唐代诗人陆龟蒙诗云"近炊香稻识红莲"，宋《吴郡志》则曰"粒肥而香"。米粮的优质丰沛和运河的通畅便捷，使无锡成为历代漕运的重要节点，也使无锡在明清之际迈入码头经济时代。粮食的输出和漕运仓场的便利，使得运河米市渐渐形成，明万历间，北门莲蓉桥有米户沿桥设摊，逐渐形成稻米集市，无锡米码头初显端倪（图3-11）。明万历《无锡县志》即载："米市在北门大桥（即今莲蓉桥）。"

清康熙五十九年（1720年），无锡单源泰等牙行（即粮行）获官准代办漕米，在无锡民间传说中，还出现了雍正皇帝沿运河亲自来当地米市售卖稻谷，给一家粮行发了一张御贴（清代的粮行经营许可证）的故事，足见当时无锡运河米市地位的重要。据清黄印《锡金识小录》记载，乾隆初年，无锡地产粮食已不足以满足百姓需求，"故每岁乡民以棉布易米而食，大抵多客籍米，非邑米也。"粮食不足导

图3-11 无锡米市

致米价攀升，为粮食交易提供了利润空间，进一步刺激了米市的兴旺。史载，清乾隆年间无锡"米豆之业甲于省会"，南来北往的运粮之船，沿着大运河远道而来，汇聚在北门外的北塘、三里桥、北栅街、黄泥桥、南门外的黄泥绛、伯渎河、南上塘，西门外的西塘这八段运河边的米市码头。

清道光以后，长江以北运河淤塞问题逐步凸显，无锡却能够长期保持运河水域畅通。同治年间，朝廷将漕运改为海运，由于交通便利、地理位置突出，加之恰逢北塘沿河塘岸码头修缮竣工，无锡被朝廷指定为江苏各县漕粮转运站和江浙两省办漕中心，一跃成为中国四大米市之首。1949年，中共华中工委对四大米市作了全面调查，无锡各方面数据均居首位，

是当之无愧的中国第一米市,也是运河中最大的米市。

光绪年间,无锡运河米市共有大小米行80多家,粮食堆栈30多家,吞吐量达七八百万石。最初,无锡运河中最繁忙的米码头在城南伯渎河一带。但随着米市规模的扩大,城南运河水域已难以承载不断增多的运输船只。而北塘运河则具有水面宽阔、吞吐量大的优势。于是,无锡成为江浙漕运中心后,从北面江苏各地来的粮船不再绕行到城南,从南面浙江来的船只穿越太湖后从西面梁溪河进入无锡,也都直接去北塘运河。由此,"皖豫米商纷然糜集,浙东籴贩,靡不联樯。"宣统二年(1910年),相邻的北塘和三里桥米市分别有40家左右的米行,合计占全无锡的2/3。

米市的兴旺也带动了其他贸易的发展,三里桥还是重要的种子和船具市场,船来此地可以满载而来盈船而归;运河中的江尖渚,因为临近三里桥一带,建成了以陶器、酱园、酒楼等为主的商贸区;三里桥运河对岸的李家浜、龙船浜、蓉湖庄等地段,则成为堆栈集中的粮仓区,宣统年间存储量可以达到三四百万石。民国时期,许多无锡实业家兴办起面粉厂,第一次世界大战期间,九丰厂双鹿牌面粉大量销往欧洲交战国。无锡人在上海创办的面粉厂得

图3-12 民国时期的北大街拥有粮行307家

到大发展后,其原料小麦大都来无锡采购,小麦成为无锡粮食市场的又一大支柱。而运河沿岸的布码头、丝码头、钱码头等,也悄然兴起,与米市一起兴旺发展起来。

清朝灭亡后,漕粮停办,无锡米市曾一度萎缩。但随着沪宁、津浦等铁路相继通车,北塘、三里桥米市由于靠近运河与铁路,航运和火车转运方便,在第一次世界大战后再度辉煌,并在抗战前达到了顶峰(图3-12)。1934年拥有粮行307家,年粮油交易量达1000万石左右,现代的面粉厂、碾米厂、榨油厂和酱园酒坊在运河沿线星罗棋布。1937年,无锡有17家碾米厂,基本分布在北塘运河沿岸,14家机砻粮行,基本分布在南、北门运河沿岸(表3-1、表3-2)。改革开放后,三里桥一

表3-1　1937年无锡碾米厂情况表

厂名	开设年份	负责人	地址	砻谷机（台）	碾米机（台）
德新	1918年	杨融春	酱园浜	3	6
馀新	1928年	谈文明	石铺头	3	6
益新	1928年	陆竹卿	江尖	3	6
仁昌馀	1928年	陈少坪	江尖	3	6
周一昌	1929年	周荫庭	小三里桥	1	3
嘉禾	1930年	陶亦邃	丁烽里	2	4
隆安	1933年	程哲安	蓉湖庄	2	4
成泰洽	1934年	沈懋霖	江尖	2	6
民生	1934年	苏养斋	江尖	2	4
大新	1934年	汪铺甫	江尖	2	4
复兴	1934年	杨翰庭	蓉湖庄	2	4
厚新	1934年	顾颁芬	蓉湖庄	3	6
永益	1934年	陈少祖	坝桥下	2	4
泰来	1935年	张翰熙	小尖	3	6
恒源	1935年	邦家骏	丁烽里	2	4
五丰	1935年	陈鸿冰	丁烽里	2	4
宝兴	1936年	高汉庭	茅泾浜	2	4
17家				39	81

表3-2　1937年无锡机砻粮行情况表

行名	负责人	地址	砻谷机（台）	碾米机（台）
长裕泰	张步山	三里桥	1	2
德大源	许志和	三里桥	1	2
元禾	莫受之	三里桥	1	2
元大	陶企周	黄泥桥	1	2
长泰	陶荫敷	黄泥桥	1	2
汇丰	高萃甫	黄泥桥	1	2
天丰	钱隽斋	黄泥桥	1	2
协兴恒	鲍曙初	黄泥桥	1	2
长源	朱禽士	黄泥桥	1	2
永升	周若溪	北栅口	2	4
张宝泰	张一中	北栅口	1	2
长春裕	王如渊	北栅口	1	2
永德	赵镜初	北栅口	1	3
童万泰	童秋群	伯渎港	1	2

带又发展为无锡粮油中心批发市场，成为全国第一家市级粮油贸易中心，1983年粮油成交量达80万吨。2005年，中国国际粮油产业交易会在此举行。

北塘香灯——运河中最大的灯会

无锡民谣："二月半来采茶看，北塘沿河香灯闹。"说的是明代每年农历二月十五前后，无锡会有一项重要的民俗活动，即大运河蓉湖段自三里桥至黄埠墩一带沿岸的"北塘香灯"。北塘香灯亦称"北塘灯火",旧时为蓉湖八景之一,著名戏曲家杨潮观之子杨抡《芙蓉湖棹歌一百首》有诗云:"清游偏耐可怜宵,淡月轻烟三里桥。见说北塘灯火盛,渔灯点点又相招。"由于这一带的水域十分宽阔,且四通八达,由常州府十里八乡及东面苏松二府而来的香船会约定俗成在此汇集过夜,称为"齐帮"。次日再形成浩浩荡荡的进香船队,径向镇江而去。明代文人王永积《锡山景物略》载曰:"岁二月,无定日,巨舰百十艘,无定数,乃苏人之武当山进香者,躅吉启行,至北塘,谓之齐帮,毕集焉。其来以鸣锣为号,自南而东而北,声振林木。"清黄印《锡金识小录》对此亦有记载。

每到此时,北塘热闹非凡,各色商户早早在此等候,沿运河络绎而来的数百艘香船以鸣锣为号,绕经无锡南门、东门、北门,前往北塘依次停泊,船工上岸采购香油食物,香客则离船游览无锡风光。沿途百姓听到这一路锣声,便知香船已来,也纷纷呼朋唤友赶来观看。香船桅杆顶上都装有四方形或八角形灯架,入夜之时,各船以香客人数为准,在桅杆上悬起数以千计造型各异的纸制"朝山进香灯",灯灯相续,连翻而下。这些从桅顶垂下的一串串灯火,如贯珠,似流星,映入水中又呈现出一条条长长的灯影,水上水下融为一体,灯影相辉连绵不绝,与香船流水交织,远眺如繁星连缀的星桥,横亘于运河水面,形成蔚为壮观的"北塘香灯"盛会。本埠诗人秦琦在《梁溪棹歌一百首》中即吟道:"最是武当香火盛,千家灯火映波红。"

香船不少,看香船灯火者更是人山人海,普通百姓挤满北塘码头、三里桥、江尖渚,士人富商则纷纷乘坐载满歌伎的看船赶来饮酒观赏,为了与香船高挂的灯火相区别,看船会在窗口及船头尾挂上各色纱灯、绢灯、水晶灯、羊角灯,看船上的歌声、笑声、萧鼓声、丝竹声,与香船上传出的笃笃木鱼、袅袅佛音相应和,让这里恍若天上仙境、人间胜会,无论香客还是看客都十分陶醉。明万历三十三年(1605年),状元孙继皋在观赏北塘香灯后,作诗赞咏:"朝玄朝侣集朦艟,灯火春湖乱水蓉。宝烛薰天香袅袅,星桥连岸影重重。遥光闪塔散灵鹫,佛焰波翻骇烛龙。镇彭雷喧星吁斗,大江西望是篸峰。"诗中"玄"指玄岳武当,"侣"指进香结伴游侣,"斗"指玄武七宿星座,"篸峰"是武当山天柱峰别称,"塔灯"则指当时锡山上的龙光塔亦悬灯挂盏,每窗一灯,夜间从香船眺望锡山时尤为醒目。

当时,《锡山景物略》指出:"(北塘)

香灯他邑未有也。"因为过了无锡之后，运河再也没有蓉湖这样宽阔的水域，而香船进入长江、汉水后也会逐渐散开，前往各自目的地，这样的场面便不复出现了。因此，在入夜则深沉的明代大运河中，无锡北塘香灯可谓是天下独一无二的壮丽奇观，也是古往今来大运河航道内最大的灯会。

蓉湖竞渡——运河中最大的龙舟赛

"五月五日岚气开，南门竞船争看来。"赛龙舟是中华民族的传统风俗（图3-13），在江南，人们往往喜欢在水面宽阔的江河湖荡中举行，像瘦西湖、金山寺江面、西湖等，都是当地的竞渡胜地。唯有无锡将这场盛会放在大运河里，及至明清，更是一度发展成大运河里规模最大的龙舟竞渡。吴地风俗，端午竞渡是为了纪念伍子胥。无锡民间传说，伍子胥在五月初五被赐死，抛尸于太湖间江口，勾践灭吴后，百姓哀相国之不幸，便在湖中划龙船以纪念。汉赵晔《吴越春秋》就认为，龙船之源"起于勾践，盖悯子胥之忠作"。

不过，间江口风大浪急、人迹罕至，并不适合赛龙船。从宋元开始，无锡人便将竞渡移师近郊，其中规模最大、影响力最广的要属在黄埠墩附近运河里举行的"蓉湖竞渡"。此

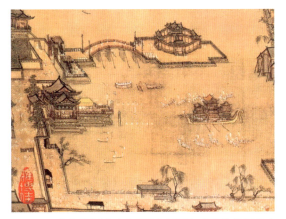

图3-13 宋代张择端《金明池争标图》中描绘的赛龙舟

处运河借道古芙蓉湖南行，河面宽阔，是锡城周边最适合竞渡的水域。"年年竞渡闹龙舟，爱向芙蓉湖上游。"本埠诗人杨抡在《芙蓉湖棹歌》中描写出了蓉湖竞渡的盛况，其规模之大，早在明代便已闻名遐迩。明张岱《陶庵梦忆》中就把无锡与杭州并列为天下观众最多的竞渡，曰："西湖竞渡，以看竞渡之人胜，无锡亦如之。"

龙船一般以杉木制成，形状狭长，首尾做成龙形，船身饰以金纹，并插满彩旗，两旁置16~20支快桨，中间搭彩楼三层，顶以青白布作缦，可以拆装，便于在桥下通行。各路龙船从五月初一起便集中到江尖至黄埠墩一带训练。端午当日，金鼓齐鸣，群舟竞发，如龙如蛟。据明王永积《锡山景物略》记载，比赛当

日人山人海："陆则沿塘排列，如堵如屏，可四五层，有面无身；水则自酒船以及田船，互相击撞，水为不流。"从三里桥到蓉湖庄，沿岸搭满看台，高的甚至有四五层，运河中亦挤满看船、画舫，河水为之不流。一些富家子弟将酒坛、活鸭活鹅投入水中，让水手们入水追逐，一旦抢到，就可以向主人请赏，岸上百姓也会不吝送上欢呼、掌声，将比赛推向高潮。

到了清末，随着无锡码头、布码头的兴盛，工商界开始出面组织龙舟赛，蓉湖竞渡受工商文化熏陶，龙船的规模数量也大大增加，鼎盛时期共有14艘（图3-14）。竞渡之后，人们便将龙船沉在"龙船浜"（现在地名和浜还在）内，以防干裂，待来年再使用。

端阳正午，无锡城便沸腾起来，工厂钱庄一律放假，四里八乡百姓纷纷涌向运河两岸。午后，各路龙船纷至沓来，这时鸣炮一声，各船齐奏一曲《将军令》，接着喇叭声划破长空，继而金鼓擂动，惊天动地。但见快桨卷动翻飞，龙船如离弦之箭，争先恐后地向黄埠墩飞驰而去。乐手们演奏的《得胜令》《朝天子》，与百姓如雷般的呐喊交织在一起，将整个大运河无锡段变成了一场全民参与、特色鲜明、风情独具的盛大"嘉年华"。本邑诗人秦琦吟道："蓉湖在外笙歌集，一路风香并水香。"竞渡结束后，水手们还会表演各式个人技巧，最令人叹为观止的是衔划桨，水手仰面躺在水中，只用双脚勾住船舷，嘴里连续咬住划桨，最多者竟能同时咬住七把。

到了民国时期，喜欢求新求变的无锡人还组织起了夜间竞渡（图3-15）。据1934年邑报《新无锡》报道，端午前夜，财力最雄厚的府殿和延圣殿都建造了夜龙船，府殿黄龙遍置电炬，用汽油烧发，与星光月色相映水中，观者无不称赞；延圣殿绿龙亦不甘示弱，装上了汽灯洋烛，亮如白昼。两舟借灯光竞渡，至午夜方休，十分精彩。

1959年嘉兴在筹建南湖革命纪念馆时，专

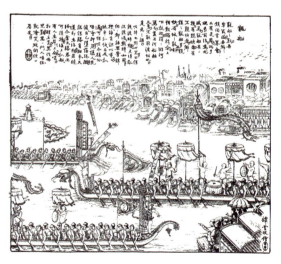

图3-14　清代无锡在大运河举办龙船赛盛况

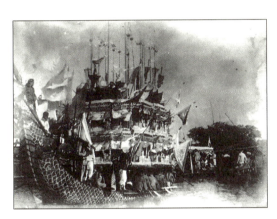

图3-15 1915年端午节在无锡北塘三里桥段举行大运河中最大的龙舟赛——蓉湖竞渡

图3-16 1959年无锡船匠在浙江嘉兴南湖指导仿制红船

门邀请无锡经营过画舫"苹香号"的杨荣林帮助参谋,并请几位无锡船匠前去参加建造这艘"中共一大"会议用船(图3-16)。嘉兴南湖红船正是仿照过去无锡人赏龙船竞渡时所乘的画舫——丝网船而建。

清名桥水弄堂——运河最佳处

大运河无锡段蜿蜒绵长,桥梁星罗棋布,至今仍保留了不少古桥,其中最著名的是清名桥(图3-17)。

清名桥原名清宁桥,始建于明万历年间(1573—1620年),有400多年历史,由寄畅园主人秦燿两子捐资建造,因兄弟俩分别名太清、太宁,便各取一字取名"清宁桥"。清康熙八年(1669年)由无锡县令吴兴祚重建,道光年间,因避讳道光皇帝名字"旻宁"改名为清名桥。咸丰十年(1860年)在战火中被毁坏,同治八年(1869年)由乡绅吴汝渤、许祥华等集资重建。清名桥为单孔花岗岩石拱桥,长43.4米,宽5.5米,高7.4米,桥孔跨度为13.1米,2006年被确定为全国重点文物保护单位。

作为一座单孔石桥,在无锡古往今来的众多桥梁里,清名桥的规模并不算最大,历史也并非最悠久,但它却成为无锡运河水弄堂的地标。水弄堂历史底蕴深厚又充满水乡风情,至今仍保留着运河的传统风貌,两岸居民枕河而居,沿河工业遗存众多、保存完好。穿行在水弄堂,可以看到运河水波浮光粼粼,枕河人家尽显古韵,白天竹竿晾衣,夜晚橹声灯影,

保护 传承 利用 **中国大运河** 依河而生 因河而兴 工商文化历久弥新 运河精神生生不息

图3-17 "运河之眼"清名桥（清名桥拱形桥与水中倒影组成的圆形，宛如眼睛）

构成一幅朦胧淡雅的水乡画卷。清名桥是水弄堂的最佳观景处，无论白天黑夜，不管四季轮转，这里始终吸引着众多游人流连徜徉。

无锡运河水弄堂，北起南禅寺，南至南水仙庙，长约1.8千米（图3-18）。大运河全长约1794千米，水弄堂恰好是其总长约千分之一，蕴含着千里挑一的意味，两岸粉墙黛瓦、鳞次栉比，码头石埠、错落有致，周边古巷阡陌、幽曲深邃，河浜纵横、延绵数里，构画出江南"人家尽枕河"的水乡风貌，被誉为"千年水弄堂，运河绝版地"。这里集桥（清名桥）、寺（南禅寺）、塔（妙光塔）（图3-19）、河（伯渎河）、街（南长街）、窑（大窑路）、宅、驿（锡山驿）、坊（首藩方岳坊）、弄、庙（南水仙庙）、树（金塘桥堍古银杏）等诸多人文自然景观于一体，被国家文物局古建筑专家组组长罗哲文先生称为"大运河最精彩、最繁华、最令人怦然心动之

图3-18 无锡水弄堂旧影

图3-19 南禅寺妙光塔旧影

处。"2017年还被评为江苏"最美水地标"（图3-20）。

尤其是作为水弄堂主体部分的清名桥历史文化街区，至今保持着清末民初路河并行的双棋盘格局，以古运河为中轴、清名桥为中心，北起跨塘桥，南到南水仙庙，东起王元吉锅厂旧址，西至定胜河沿线，由南下塘、阳春巷、大窑路、南长街等区域组成，面积仅0.44平方千米的街区有国家和省市级文保单位19处、牌坊8座、古树名木3株、河埠头22处、老桥10座。在许多城市市区古运河风貌消失之后，无锡水弄堂在大运河世界文化遗产中更具有独特的价值，被誉为运河文化的"露天活态博物馆"。

图3-20 国家文物局古建筑专家组组长罗哲文先生称："无锡水弄堂是大运河最精彩、最繁华、最令人怦然心动之处"

水弄堂两岸有不少传统民居密集，仍保留着传统的生活习俗，农历二月初八张元庵看大蜡烛、吃冻狗肉，七月三十烧狗屎香（纪念原名张九四的张士诚）等具有无锡风情的传统民俗活动代代相传，充分体现了无锡运河文化的传承性、延续性。这里集运河文化、江南文化、吴文化、民族工商文化、民俗文化、宗教文化等于一体，被全国政协大运河保护与申遗考察团认定为"最具原生态风貌的古运河文化绝版之地"。

历史上，不仅康熙、乾隆南巡多次经过清名桥，无锡著名民间艺人阿炳也常常来桥堍拉二胡。清名桥一带从古至今的美丽繁华就像

《清明上河图》所描绘的那样,是古运河历史的符号、繁荣的象征、文化的缩影。也有一些人喜欢叫它"运河之眼",桥在水里的影子与拱形桥面组成的圆形,宛如眼睛,将大运河无锡段的千年故事尽收眼底。

第四节 丰富多彩的运河文化

千年运河滔滔不绝,运河文化生生不息。作为典型的线型文化遗产,大运河宛如一条文化玉带,串联起沿岸无数文物古迹和非物质文化遗产,也催生了无锡特色鲜明的运河文化。

码头文化

无锡是一座因运河而兴的"码头城市"(图3-21),自明清以来,运河运输的便利通达和商品贸易的日益昌盛使无锡码头林立,其中经济规模和地位影响最大的米码头、布码

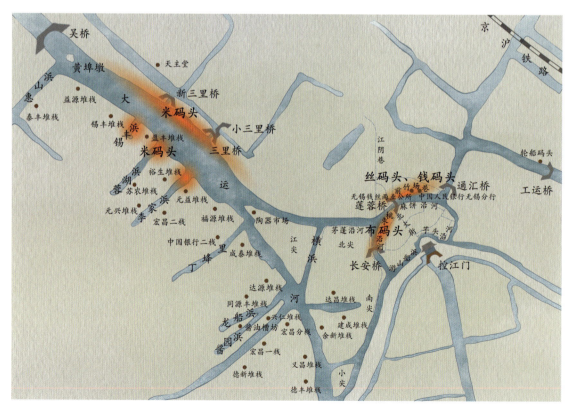

图3-21 明清时期无锡北塘码头分布图(马超 绘)

头、丝码头、钱码头这四类码头，逐渐成为无锡运河商贸乃至无锡城市的代名词。

除了四大码头，无锡运河还有蔬果码头、酒酱码头、冶铸码头、绣品码头、印刷码头等大小20余种码头，随着社会分工和行业特性的细化，米码头还分出粮食码头、粉麸码头、油饼码头等，布码头也分出绸缎码头、衣着码头、鞋袜码头等。

最初，无锡码头只是舟楫停泊、货物进出之所，随着运河贸易发展，沿码头出现了繁华的集市，慢慢形成了规模庞大的商品贸易集散地，米码头、布码头等也就成了米市、布市……其中北塘"四沿河"码头分别以交易经营特色产品形成了专业市场：桃枣沿河以经营桃、枣等南北货为主；茅蓬沿河以经营茅蓬、帆布、丝网等船上用品为特色；麻饼沿河主要经营植物油饼、豆饼、种子；芋头沿河则经营无锡四乡出产的芋头。市场的繁荣又带动了棉纺、缫丝、粮食加工业等支柱产业以及运输、机械、建材等行业的发展，使无锡成为中国民族工商业发祥地之一。

大宗货物和各色特产在运河码头的规模性集聚，令市场不断繁荣，催生了相应的商品交易模式和市场组织形式，成为近代工商业行会的摇篮，其中最兴隆的米市率先产生了茶会、公会。座落在老三里桥西堍的蓉湖楼，由于地理位置优越，茶客云集，粮行老板、大伙先生（粮行高级职员）和各地粮商常常来此"听行情""读里盘"，为避免泄露商业机密，他们往往采用切口、暗语进行交谈，比如，一叫仄、十二叫甘罗、小气叫缩蟹、铜钱叫孔方兄等，甚至还有人在长衫里通过手与手的动作悄无声息地把信息传递给对方。由于每天都有大量米豆面粉交易在此成交签约，一天下来，单是留在谈判桌上的样品，掸掸就有几升，慢慢地，蓉湖楼桌上的"吃讲茶"形成了米市茶会，成为无锡的民间粮食交易所（图3-22）。

清光绪十五年（1889年），无锡粮商发起成立了锡金米豆业公所，由无锡米豆同业行会积余善会捐资，在北门张成弄建起了公所用房积

图3-22　20世纪50年代的无锡北塘三里桥码头

图3-23 米豆同业行会在北塘建的积余堂

图3-24 民国时期繁华的北塘（左为新世界游戏场，右为无锡饭店）

余堂（图3-23），成为无锡米市同行议事、调解纠纷的枢纽机构，决策米市交易价格及相关事务。其他行业也纷纷仿效之，如油饼业建有"永仁堂"，粉麸业建有"德余堂"。据1934年《无锡工商业名录》记载，20世纪30—40年代，无锡工商业各行业会所有70多个。1947年《无锡指南》记载了各业职业工会，意味着劳动者群体的崛起。1921年出版的《无锡游览大全》还标明了宁绍会馆、淮扬会馆、江西会馆等诸多外地商人的会所。

运河商贸兴旺也带动了文化娱乐业发展，书码头、戏码头等特殊的码头也应运而生。书码头以"说书"为特色，也就是苏州评弹，或称弹词，开始流行于运河边的茶馆，慢慢形成了大量书场，也让无锡诞生了著名女弹词作家陶贞怀，其创作的《天雨花》被誉为可与《红楼梦》媲美，为运河书码头增添了光彩。光绪三十二年（1906年）运河吉祥桥下诞生了无锡第一家戏院庆仙戏院，1916年运河通运桥堍建起了无锡第一家综合性戏剧演出场所——新世界游戏场（图3-24），孟小冬、周信芳、尚小云、白玉霜等大批名角纷纷登陆无锡戏码头献艺。值得一提的是，随着科技的发展，无锡还出现了电台码头。民国时期，无锡绸布店老板们在运河畔短短一条北大街上，先后创办了时和、兴业、凯声、锡音4家广播电台，令锡城百姓一饱耳福。

随运河而来的资源、信息、文化等，从运河码头登陆无锡，促进了锡城经济社会的发展。民国以来，这里工业发达、交通便利、商业繁荣、文化娱乐业兴盛，运河沿线的工运桥、通运路、北大街、三里桥、江阴巷、崇安寺、观前街等商业区商市林立、一片繁华，颇有上海十里洋场的气派，带动了旅游业的兴旺，大量游客涌入无锡，令无锡"小上海"的名气越来越大。1929年，毕业于美国哈佛大学的著名城建专家王伯秋来到无锡，在运河畔的崇安寺钟楼眺望无锡城市风貌时，发出了"岂仅是'小上海'……不多几年功夫，简直要变成'小伦敦'"的赞叹！

除了各类工商、文娱码头，各种生活码头也遍布无锡运河两岸。旧时，沿河居民几乎家家户户都有自备码头，如挑水码头、下粪码头、淘米洗衣码头等。这些码头多由块石或条石砌成，少数为木码头，民国以后还出现了混凝土码头，一般一米见方、五到十阶不等。有些百姓住房狭小，几户合用一个公用码头，一般2~5米、10~15阶不等，形状分"一"字形踏步码头、"无"字形踏步码头、门式挑出码头等。无锡老城厢有近千座居民码头，全长1000多米的南门"水弄堂"就有各色码头130余座，为大运河增添了几分烟火气。

工商文化

大运河不仅滋养了无锡，也便利了交通运输及信息思想的交流，使运河灵动、开放的文化基因沁入无锡人的骨髓和血液，由此形成了重农而不轻商、务本而不弃末的性格特征。从陶朱公范蠡养鱼制陶，到东林大儒高攀龙"曲体商人"之意，再到薛福成"工商强国"，在我国普遍重农抑商的传统思想氛围中，经世致用的重商思想却在无锡深根发芽、结出硕果，形成富有无锡特色的工商文化。

无锡山明水秀、物华天宝，为商品经济发展提供了富饶的沃土。无锡百姓聪明灵秀、勤劳务实，历来十分重视衣食住行产品的手工业生产加工，工商业的繁荣由此兴起，工商文化的芽苞扎根萌发。唐宋以后，植桑养蚕成为无锡农村重要的副业，户户养蚕，家家机杼，伯渎河畔许家桥出产的窄幅"高丽布"很受欢迎。作为著名的产粮区，无锡酿酒业闻名遐迩，《醒世恒言》《红楼梦》多次提到无锡惠泉酒，康熙南巡时船行无锡运河间曾品尝此酒，赋《无锡小民以羔羊惠酒争献御舟笑而遗之》一诗。从明代开始，无锡窑业持续发展，鼎盛时共有一百多座砖窑，所烧砖瓦行销大江南北，明代修筑南京城墙就大量使用过无锡砖（图3-25）。

无锡造船业也十分兴盛，自古就有五泻舟、西漳船等知名产品。清代以"五姓十三

图3-25　古运河大窑路上古窑遗址

家"为代表的专营户所制造的船只得到朝廷嘉许，民国时运河沿岸吴桥、惠山浜、荷叶村、亮坝上等处都布满船厂，高峰时多达700余家。此外，以华家、安家为代表的铜活字印刷，以王源吉冶坊为代表的铸造业，以及雪浪贡茶、惠山泥孩儿、堆纱刺绣、珠砂笺等手工产品都享有盛誉。

这些商品通过运河发往各地，为无锡的良工巧物赢得了声誉，踏至而来的各路商贾沿运河抵锡，与锡邑市民交易，繁荣了沿岸商业。清杜汉阶《竹枝词》对此吟道："户口繁兴庶矣哉，百年休养好栽培。市心门面多增价，僻巷穷乡店也开。"无锡周边地区也商业兴旺，宜兴"业履者率以五六人为群，列肆郡中几百余家"，江阴"富者之居，僭侔公室，丽裾丰膳，日以过求"。

追求财富，对传统读书人来说，是庸俗不堪的行为。但在无锡人看来，"富贵不能淫，贫贱不能移"，追求财富并不羞耻，拥有财富后如何处之才能彰显品行。一代代无锡商人懂得审时度势，善于运用客观规律，利用无锡得天独厚的自然禀赋和大运河的便捷通达，开创了工商业发展的无锡路径。尤其是清末"数千年来未有之变局"中，精明的无锡商人勇于在艰难时局中蹒跚起步，纷纷投身实业救国的大潮中，带动无锡运河工商文化走上了巅峰。光绪二十一年（1895年），无锡第一座近代工厂业勤纱厂率先矗立在了运河羊腰湾。之后，无锡各大财团纷纷在运河边建造自己的工厂，依托运河水运的便利，确保原料和产品的及时进出（图3-26、图3-27）。

无锡实业家受运河文化影响，形成了开

图3-26　20世纪初大运河边的申新纱厂

图3-27　1909年大运河边的九丰面粉厂

放、务实、灵动、创新的工商文化，不仅继承了脚踏实地围绕衣食住行发展实业的战略理念，也擅于吸收国内外先进技术和经验不断改革创新，且善于合作共赢，精于审时度势。诞生了以荣德生、荣宗敬为首的荣氏集团，以杨宗濂、杨宗瀚为首的杨氏集团，以薛南溟、薛寿萱为首的薛氏资本集团，以周舜卿为首的周氏集团，以唐保谦、蔡缄三为首的唐蔡资本集团，以唐骧庭、程敬堂为首的唐程集团这六大财团，形成了庞大的民族资本家群体和强劲的工商实力，为无锡带来了"中国工商名城"的美誉（表3-3）。

不同于国内城市的早期工商业大多为官

表3-3　民国期间无锡著名的中国企业家

姓名	名录
荣氏集团	棉花大王、面粉大王
薛氏集团	丝茧大王
周舜卿	煤铁大王
祝大椿	电气大王
丁厚卿	香烟大王
沈瑞洲	桐油大王
华绎之	养蜂大王
陈梅芳	呢绒大王
丁熊照	电池大王
祝兰舫	机械大王

办的特点，无锡的工商业始终由民族资本运营，是民国六大工业城市中唯一没有租界和外资的城市，主要凭本地人的智慧与勤奋崛起，使无锡成为当之无愧的中国民族工商业发祥地之一。其中很多人还沿着运河、带着无锡资本走出家乡，驶向全国乃至世界工商业的广阔舞

图3-28 1956年无锡县东亭创办第一家社办企业——春雷造船厂

台。比如，荣德生、荣宗敬兄弟在上海、汉口开办了大批工厂，成为了世界闻名的"面粉大王""纺织大王"；周舜卿创办中国首家私人商业银行信成商业储蓄银行，网点遍及北京、天津、上海、南京等地；薛福成之孙薛寿萱打破洋行垄断，在国外成立纽约永泰公司，被誉为"丝茧大王"；等等。

功成名就之后，这些实业骄子又沿运河回到无锡，用实业所获反哺家乡，为地方发展作出了一系列积极贡献。如荣德生开办公益图书馆，修筑了开原路、通惠路等道路，还联合一批实业家成立千桥会，先后建成上百座桥梁。

再如，杨翰西创办广勤小学、匡仲谋创立匡村中学、周舜卿开发周新镇、王禹卿建造蠡园等等，不仅逐渐改变了无锡这座运河小城的环境面貌和城市格局，也深刻影响了地方风气和百姓观念，显示了无锡人对运河文化的不断传承和发展，使之始终跟随时代发展的潮流前进。

就像奔流不息的运河一样，市场基因、工商脉络从未在无锡中断。早在改革开放前，大运河无锡段的许多乡镇，就倡导在公社大队中"以工补农"，为乡镇工业发展打下了一定基础（图3-28、图3-29）。改革开放期间，灵动的运河工商文化为无锡乡镇企业注入了活

图3-29　1977年10月19日，联合国工业考察组参观无锡县前洲社队企业

力，1982年原无锡县堰桥乡灵活地将"家庭联产承包责任制"引入乡镇企业经营管理，形成闻名全国的"一包三改"，这一机制以及后续的工厂管理机制、激励制度改革，令无锡乡镇企业蓬勃发展，成就了"苏南模式"的奇迹。比如，运河畔的前洲公社西塘大队在创办农机厂之初，仅有160元资金，经过几年苦干，1979年农机厂年产值已达700万元。

至20世纪80年代，无锡乡镇企业创造的价值在农村经济总产值中占比已超过60%。1982年，无锡县成为全国首个乡镇工业产值超10亿元的县，1984年起乡镇工业总量连续17年居全国各县之首，被誉为"华夏第一县""乡镇企业王国"。无锡乡镇企业从艰苦卓绝的奋斗历程中开创了"踏遍千山万水、吃尽千辛万苦、说尽千言万语、历尽千难万险"的四千四万精神。90年代，无锡乡镇企业开展股份制改革，很多乡镇企业抓住机遇，转制为民营企业。

无锡注重实业，坚持创新，善于管理，始终以求实创新引领发展、以精益管理打牢基础、以产业集群形成竞争优势。"精明而又高明，勤劳而又勇敢，比学赶帮超"的工商文化基因使无锡这座"中国工商名城"走得稳、行的实。

孝悌文化

《论语》赞曰,"泰伯,其可谓至德也已矣"。之后,又有季札以孝悌之道让国的佳话,可以说,泰伯、季札即是江南孝悌文化的滥觞。受泰伯影响,无锡民间孝悌之风一直都很兴盛,从泰伯开凿的伯渎河起源,一直随着运河之水流淌至今,形成了独树一帜的无锡运河孝悌文化。

从蒙昧时代开始,无锡运河流域就有许多至孝传说。相传,伯渎河边鹅真荡内有一种只有半爿身体的怪鱼"孝子鱼"。战国时代,运河里一位渔民准备为病母剖鱼煮粥,发现有群小鱼萦绕渔船漫游不散,心知这是被捕之鱼的孩子。渔民心中不忍,可又担心病母挨饿,左右为难之际便将此鱼一剖为二,母食半爿,放生半爿。上天感其德行,赐半爿鱼生命,被当地人称为"孝子鱼"。

传说之外,无锡也不乏名垂史册的孝子,运河一侧惠山祠堂群中的"华孝子祠"祭祀着无锡最著名的孝子华宝(图3-30)。华宝乃东晋南朝时人,《南史》载,华宝因父亲命丧战场,不能为其行成人礼,便终身扮作童子不婚不娶。南朝齐高帝萧道成闻之,于建元三年(481年)降旨,赐华宝故宅"孝子"匾额。唐时改宅为祠,北宋又将华宝与《南史》所载无锡另两位孝子——怀母茹素的薛天生,念父不絮的刘怀胤、刘怀则兄弟合祀一处,称"三贤祠",明代重建时改"华孝子祠"。惠山祠堂群中有许多孝子祠,堪称运河一景。

无锡三孝苦行僧式的孝悌之风看似迂腐不化,但在南北朝奢靡享乐的社会风气里,尤其是在刘宋皇室周而复始的父杀子、兄戮弟的社会环境中,显得尤为可贵,萧齐王朝对其推重备至,自也有其深意。相比之下,《明史》所传无锡二孝子,则显示了明人对兄弟之悌的肯定。明嘉靖三十三年(1554年),倭寇侵入无锡,冲进世居北门外运河边的孝子蔡元锐、蔡元铎家中,元铎急忙扶父亲躲到屋顶,而元锐则被抓获,倭寇逼问父兄下落,元锐誓死不言,惨遭杀害。次日,以为兄长被抓走的元铎,带重金从运河坐船去西门外的倭寇营中赎人,也不幸牺牲。二人友悌之德传遍四方,嘉靖三十八年(1559年),朝廷特予以旌表,后人又在惠山脚下建"孝友词"予以纪念,成为运河"悌文化"的重要见证。

清黄卬《锡金识小录》载,一名出生运河江尖的男孩,年幼时被送往外地当养子,长大成人后千里迢迢沿运河回锡寻找亲生父母,来到江尖后,他循着童年依稀的印象,环渚而行呼唤父母,转了一圈又一圈,却始终没有如

图3-30 无锡"天下第二泉"旁华孝子祠

愿,从而诞生了无锡当地一句著名谚语"江尖渚上团团转"。闻名江南的清末"不肖子"陈阿尖也诞生于此,此人少时便喜偷盗,母亲不仅不加管束,反而放任鼓励,遂使其成为与"我来也"齐名的一代巨盗,沿运河上下多行不轨,苏州、嘉兴等地都有其梁上故事,这一反向"孝文化"令无锡人口口相传千年,始终引以为戒。

正史之外,"二十四孝"中也有无锡孝子身影,一些"二十四孝"传本认为,"刻木事亲"的丁兰是无锡伯渎河流域荡口丁舍人。丁兰幼年丧父,事母如父,母亲去世后,又雕刻母亲木像,事母如存,被视为二十四孝中"子欲养而亲不待"的代表。民国期间出现的《女子二十四孝图传汇编》(图3-31)中,亦有一位孝顺的无锡媳妇夏王氏。明代无锡人夏

图3-31　1941年上海信谊公司印制的《女子二十四孝彩图》

诚明因家贫长年离家谋生，妻子王氏靠日夜纺织，赚钱买粮侍奉公公和小姑，自己却偷偷地以糟糠和野菜充饥，直到一天小姑偶入厨下，见状感动大哭。乡人尊重王氏之孝，有位贡生每次路过夏家门口，必于门外三揖以示敬意。

尽管这些历史上的无锡孝子多是生活在运河沿岸的里佬村妇，却凭孝之名流传千古，因悌之德载誉史册，为大运河无锡段增添了一份至孝至悌的文化（图3-32）。

侠义文化

江南运河，小桥流水，网船人家。自然禀赋和地缘环境，让无锡拥有宽广的蓉湖水域、绕城而过的双股运河、雄峙河中的天关地轴等……千百年来，发生于此的一幕幕英烈传奇、侠义故事赋予大运河无锡段沧桑与壮烈的独特风情，塑造了无锡人任性好义和宁折不弯的气质，在运河里流淌着一种侠义文化。

无锡自古便是中华侠文化发源地之一。早在先秦，吴地先民就以质烈尚武、轻生任死的古朴性格著称，上古五大刺客中有两位是无锡人，专诸鱼肠刺王僚、要离断臂杀庆忌的故事，都渗透着一股浓郁的侠义气质。要离生活在泰伯开凿的伯渎河流域；而专诸死后，无锡人在城中直河沿岸的大娄巷建造了专诸塔以示纪念。

晋代干宝《搜神记》里记载了一桩发生在无锡上湖大坝的神怪故事（上湖即芙蓉湖）。这则故事虽荒诞不经，但"陂吏丁初天，每大雨，辄循堤防"的描述，反映出无锡人为确保运河畅通，早在1700多年前就开始和洪泛作斗争。

宋元时代，大运河的政治军事功能得到加强。宋末，无锡军民沿大运河抵抗侵略，先有无锡人陈炤死守常州，抵挡伯颜两月之久；后有文天祥所部尹玉、麻士龙在大运河无锡北入口五牧大战元寇，在外无援兵、内无粮草的情况下，忍饥挨饿苦战数日，双双牺牲，时至

图3-32 惠山古镇贞节牌坊

今日，那一段运河沿岸，仍被无锡人称为"饿死岸头"。后文天祥被俘，也是从运河解往大都，路过无锡时，满城百姓不顾元兵鞭打，沿河焚香跪拜丞相，浩然之气令元军胆寒，不得不将文天祥押到运河中的黄埠墩看守。

及至明清，随着大运河经济运输功能日益突出，无锡百姓与纵横运河的阉宦、漕卒、倭寇之间的冲突也愈演愈烈。嘉靖三十三年（1554年），无锡知县王其勤筑城抗倭，派义士张守经率乡勇在运河上的西定桥出击，一举击毙倭寇头目"四大王"，胜利解围，何五路等36人英勇牺牲。无锡人的忠肝义胆一直延续到清初，在江阴爆发反剃发起义的同时，无锡人也以自己的方式坚守忠义底线，世居伯渎河畔的高攀龙学生华允诚拒不剃发，留发三年后英勇就义。无独有偶，明朝第一位殉节官员马世奇故宅澹宁居也坐落在运河一侧,他与华允诚和南京自杀尽忠的龚廷祥并称"锡山三忠"。

明清时期,大运河无锡段不但盛产勇士、义士,也是侠客们活跃的热土。明代无锡诗人莫懋偶遇阉党欺压锡山驿丞,义愤填膺,跃上官船将宦官扔进运河,满船兵士为之气夺。这则故事被钱基博记录在笔记《技击余闻补》中,全书共记载了20多位真实存在的无锡侠客,其中1/3都和运河有关,像新安邹姓农民反抗漕卒、三山和尚保卫运河水关、李渔运河飞盗等故事都极富传奇色彩,尤其是最后"铜箸秀才"胡迩光、"现世季布"秦大用、"三山和尚"吴以幻等侠客一同抓获危害运河的漕卒头目,不啻为一个精彩的大团圆结局。

无锡民间也有隐居江尖的年羹尧旧部智海和尚的豪侠传说,更有运河渔夫撑篙飞跃乾隆南巡御舟展示汉人雄姿的故事,可见当时无锡运河侠义文化之盛。侠义传奇与运河相生相息,殊为可贵。

下编 大运河保护传承利用的先行者

第四章 保护大运河的无锡实践

大运河集交通航运、防洪排涝、农业水利、生态廊道、文化旅游等多种功能于一身,在无锡经济社会发展、群众生产生活等各方面发挥着举足轻重的作用(图4-1)。

2006年,全国政协大运河保护与申遗考察团对大运河进行全线考察后,对无锡古运河作出了这样的评价:"无锡古运河开拓最早、保护最好,既是古运河的发源地,又最具原生态文化风貌,是古运河文化的绝版之地。"

从古至今,从官方到民间,无锡在城市的不断发展过程中,始终在坚持保护大运河。无锡运河通过不断开挖、疏浚、拓宽、治理,至今保持畅通,从未荒废、断航,依旧发挥着运输、水利、农业灌溉、改善生态及传承文化等重要功能。

图4-1 无锡古运河

第一节　开挖、保护、改造、治理大运河

新中国成立后，无锡就开始着手开展运河规划，对大运河城区段进行改造，1958—1983年开挖新运河，1983年编制古运河保护规划，同年12月23日，无锡市人大常委会通过《古运河保护规划决议》，1987年，无锡市政府印发《古运河管理暂行规定》，加强古运河的保护。无锡既保护了古运河，又建设了新运河，这一系列重大战略决策、举措充分体现了无锡不断守正创新，在大运河保护传承利用方面的前瞻性、超前性，功在当代、利在千秋。

开挖大运河

20世纪50年代末，经历了对农业、手工业和资本主义工商业的社会主义改造，无锡经济得到了强劲的发展。运河作为经济发展的水运大动脉、货物运输的重要通道，推动着无锡城市快速发展。同时，经济发展带来了水运量的增加，运河上货物运输十分繁忙，运河运输能力和现状需求的矛盾日益显现。特别是原江尖至下甸桥区间属七级航道，河窄、桥多、弯多、河浅、水急，多处节点已经严重制约了航运的发展，交通事故频发，堵航碍航情况时有发生。比如，当时南门跨塘桥净空高度仅2.2米，每逢汛期，60吨以上船只就难以通行。

此时的无锡，面临着运河水运承载能力不能满足经济发展的困境，亟须升级运河航道。当时有两种选择：一是通过拓宽、整治等方式改造古运河，适应航运发展需要。二是开挖新运河，提升运河的运输功能，满足航运发展，优化城市布局。

考虑到运河的保护传承利用，无锡于20世纪50年代开始着手开展运河规划，规划提出对运河城区段采用建新留旧的设想，在保留古运河的同时，开挖新运河。

1958年，国家正式批准了大运河无锡市区段改造方案，随后，无锡举全市之力开挖新运河（图4-2）。新运河从黄埠墩到下甸桥，长11.24千米，以梁溪河为界南北分别为7.2千米和4.04千米。整个工程分两个阶段实施。

第一阶段从1958年10月开始，无锡市组建大运河工程指挥部，抽调市、县两级162名干部和技术人员参加指挥部工作，动员了2万多民工投入施工。11月底前完成梁溪河至下甸桥段测量和拆迁工作，共拆迁居民1403户、工厂27家、仓库3个、商店23家、变电所1座、工人宿舍3处，拆除楼房316间、平房1520间、草房557间，征用土地1900亩，赔偿费用108.3万元。

图4-2 1958—1983年无锡举全市之力开挖新运河

由于当时生产力较为落后,机械化水平很低,工程缺少机械设备,基本靠人力肩扛手提。新运河梁溪河至下甸桥段按六级航道标准施工,底宽16米,水深2.5米,至1965年秋挖成通航,并建红星桥、金星桥、下甸桥三座公路桥。随着这段新运河的通航,来往船只可避开古运河城区主要拥堵段。京杭运河无锡段改由江尖经西门桥、西水墩、梁溪河转向新运河至下甸桥汇入大运河。

第二阶段从1976年开始,开挖4.04千米的黄埠墩至梁溪河段,动用人力上万名,按四级航道标准施工,河底宽60米,口宽90米,水深2.5米,新建净空高度7米的桥梁2座,开挖土方170万立方米,新建驳岸8000余米。

开挖新运河,传承了大运河工程精神。从20世纪50年代末开始,一直延续到80年代初,成千上万的无锡人坚持不懈、持续不断地为开挖这条运河流汗出力。1983年12月7日通航当天,新运河上举行了隆重的通航典礼,由3只航道监督艇为前导,"太湖""梅里""湖越"3艘客轮、32条钢驳船组成的2个货运船队,以整齐的队列,在乐曲和鞭炮声中,首次通过新运河上的锡山大桥和梁溪大桥,无锡人民欢欣鼓舞(图4-3)。

自此,新运河取代古运河成为了大运河无锡城区段主航道。和古运河相比,新运河河面宽增加了4～5倍,大型船只往来无碍,船队经过城区仅需1.5小时,比原来节省了3/4以上的时间。每天平均可通过运输船队400多个,单放船1200余艘,通过总吨位达11万余吨。由于

图4-3　1983年12月7日无锡日报报道从1958年至1983年建设的京杭运河无锡新建段正式通航

水运物资成本低廉，每百吨货物的运费还不到汽车运输的1/4。随着经济社会的快速发展，大运河无锡段货运量增长迅猛，推动了无锡水上航运业的发展。1984年，全市社会运输船舶达9万多艘，总马力突破10万匹，其中市航运公司占到总货运量的1/3。

1984年，京杭运河无锡段开始全线升级为四级航道，2007年，又开始升级为三级航道。在京杭运河全线拓宽为四级、三级航道时，京杭运河城市中唯有无锡一边另辟新运河，一边完整保留古运河。面对着古运河水运承载能力不足的问题，无锡按照新旧并存的发展保护理念，在不废弃古运河的前提下，建新运河分流古运河的航运压力，开启了中国大运河保护的新模式。

1985年，无锡85%的工商企业原材料和产品进出依靠水运，运河水运量占社会总货运量的70%，比新中国成立初期增长了17.5倍，客运量增长了48倍，形成了集水上货运、客运、旅游的多层次航运网络，成为长江南北的货物集散地、苏南地区的航运交通枢纽。1988年，无锡运河货运量达6400万吨，客运量达30万人次。

1997年，新运河全线达到四级航道标准后，京杭运河无锡段能通过500吨级以上的船舶，年通过量提高到1亿多吨。随着新运河航运的不断升级，无锡市区运河的年通过能力由2003年的1.53亿吨增至2011年的2.96亿吨，是沪宁高速公路无锡段货运能力的5倍左右，成为直通上海国际航运中心的内河集装箱集疏运主航道（图4-4）。

新运河的开挖大大改善了无锡的水运及水利条件，提高了通航、泄洪和农田灌溉能力，也深刻影响了无锡城市发展的结构和形态。一方面，新运河替代了无锡古运河过去的水上货运功能，大大减轻了古运河的通航压力。另一方面，市区狭窄河道的束水现象基本解决，大大缩短了无锡北部城区涝水入太湖的距离，新

图4-4 无锡大运河成为直通上海国际航运中心的内河集装箱集疏运主航道

运河成为城市汛期重要的泄洪通道,有效改善了城区的排水条件。

保护大运河

无锡新运河的开挖,既为无锡山水城市的建设拓展了空间,又为古运河的保护传承利用创造了更好的条件。新运河开通后,原大运河无锡段自莲蓉桥、工运桥、亭子桥、跨塘桥、清名桥至下甸桥段被称为"环城古运河",简称"古运河"。

古运河历史悠久,沉淀了无锡历史文化的精华(图4-5)。新中国成立以后,无锡实施了一系列保护、整修、疏浚古运河水道的工作。与此同时,无锡还认识到,运河保护是一项系统性工程,不仅仅局限于运河本身,其流域的生态、环境也十分重要,遂开展了对运河沿线、周边风貌及生态的整体性保护建设。

20世纪50年代末到60年代初,无锡就有计划地拓建了市区古运河上严重妨碍通航的通汇桥、莲蓉桥、亭子桥,并切角截弯整治了通

北塘沿河

南门水弄堂

环城河

中山河

图4-5 20世纪50年代的北塘沿河、南门水弄堂、环城河、中山河

汇桥和羊腰湾地段，使原来只能通航40吨级以下船舶的古运河提高到能通航60~80吨级的船队（图4-6）。

新中国成立以后，修筑河岸成为无锡实施运河保护的常态化工程（图4-7）。1950年，修筑三里桥至吴桥驳岸850米。1962—1963年，修建羊腰湾至工运桥段运河驳岸430米、顾桥港两侧驳岸528米，修理北塘沿河、树巷沿河驳岸1313米，新建老三里桥等沿河驳岸407米。1964年，修建江尖驳岸168米。1965年，新建和修建竹场巷、羊腰湾等地驳岸485米。1966年，新建西水墩驳岸150米。1967年修建羊腰湾沿河驳岸205米。1975年，修建解放南路沿河驳岸120多米。1976年，疏浚拓宽市区江尖段航道。1978年，疏浚西门棚下街沿河，大修北塘驳岸347米。1979年，对西水墩作裁角取直，修建驳岸。1982年，新建和整修江尖、石铺头、坝桥沿河等处驳岸2005米。

莲蓉桥　　　　　　　　　　　　　　吉祥桥

亭子桥　　　　　　　　　　　　　　工运桥

图4-6　20世纪50年代的莲蓉桥、吉祥桥、亭子桥、工运桥

图4-7　20世纪50年代整修运河驳岸

1987年，无锡出台了《古运河管理暂行规定》。1995年，无锡启动环城运河驳岸修整及环境优化系列工程。1997年，在大运河无锡段整治工程建设过程中，对地处市中心的2700米南环城河进行了全面整治，共清除淤泥10多万立方米，拆除废旧码头16座，接长加固排水口220只，勾缝石驳岸4000平方米，并组织沿线单位和街道拆除违章建筑，粉饰房屋及围墙，补植树木，延续了历史上的清淤传统。经过整治，环城河水质转清，排水、蓄水能力增强，沿河居民的生活质量得到了改善，古运河的整体环境和风貌也得以提升（图4-8）。

2003年1月，无锡市十三届人大一次会议通过《关于综合整治城市河道水环境的议案》。同年7月30日起，无锡对古运河实施禁航禁停。同年8月4日，无锡市政府出台《关于城区河道综合整治三年目标的实施意见》，并针对古运河综合整治做了专项规划，2006年被列入无锡"十一五"规划重点工程。这一轮古运河综合整治工程，总投资约50亿元，整治总长约11千米，是新中国成立以后无锡对古运河实施的最大一次综合整治工程，分两期实施。在整治过程中，严格按照规划标准和要求，对古运河进行全面保护和整治提升，并修复了相关景点，建设了一系列基础配套设施。

20世纪50—60年代环城河清淤

20世纪70—80年代古运河清淤

图4-8 河道清淤

古运河综合整治一期工程从南尖至南长桥，全长4千米，通过实施截污、清淤、驳岸整修、两侧绿化等工程，使古运河河床更深、河水更清、河岸更美。

2007年10月，启动二期工程，对亭子桥至高墩桥段进行清淤，将河底1米多深的淤泥全部清除；对古运河两岸较难实施雨污分流的

图4-9 修复运河"四门八区"后的南门——望湖门

民房和部分企业,采用沿河铺设截污管道和结合亲水平台设截污槽等做法;按照无锡旧城的"龟背形"格局,启动保护和修复与无锡运河历史沿革息息相关的"四门八区","四门"包括北门控江门、东门靖海门、南门望湖门、西门试泉门,"八区"即蓉湖溯源、北塘米市、莲蓉烟雨、站前灯火、熙春迎晖、望湖熏风、梁溪晓月、旧城怀古(图4-9)。二期工程累计拆除各类建筑35万平方米,通过分段干河清淤,共清除淤泥40万立方米,排截污槽(管)2500米,完成全线河道的清淤、截污工作,修复驳岸10千米,并在运河边新建了14000平方米的亲水平台。运河两岸的历史文化遗迹、遗存也得到了保护和修复,历史上的中国银行无锡分行旧址、储业公所、税卡、竹场巷等一一再现。同时,还对沿岸民居进行了

保护 传承 利用 **中国大运河** 依河而生 因河而兴 工商文化历久弥新 运河精神生生不息

图4-10 疏设、拓宽、整治大运河时加固整修运河驳岸

平改坡改造工程,改善了居民居住条件。

经过综合整治,让古运河重现了"运河环城,四门八区"的昔日风貌,环城运河成为具有无锡特色和个性的运河露天博物馆。

提升改造大运河

在开挖新运河、保护古运河的同时,无锡坚持对大运河无锡段全线的整体保护,通过疏浚、拓宽和局部整治、改造大运河,不断提升运河的通航能力,使运河始终在发展中得到传承和利用(图4-10~图4-12)。

1951年2月,原无锡县人民政府组织藕塘、洛社、西漳等11个乡12多万群众,修筑高桥至洛社段全长8.28千米的运河堤岸。1955年

图4-11 整治后的古运河棚下街、西水墩

2月,修筑因1954年洪水而坍塌的吴桥至高桥段驳岸1260米。1971年,疏浚北望亭桥段运河,拆除原北望亭桥,新建五七大桥,拓宽河床20米,疏浚河道500米,挖运土方1.2万立方米。1972年12月,拓浚洛社段运河,新建石驳岸700米,整修石驳岸500米,建码头8座,原石拱型洛社大桥改为长60米、宽5.5米钢筋混凝土公路桥。1973年,修建吴桥至高桥段沿河驳岸。

自1984年起,按河底宽67米、面宽103米、水深2.5米的四级航道标准,整治提升梁溪河口至下甸桥段7.2千米新运河,建造净空高度7米的桥梁4座。1989年整治工程完成后,年通过量可达6000万吨(图4-13)。

保护 传承 利用 | **中国大运河**　依河而生 因河而兴 工商文化历久弥新 运河精神生生不息

提升改造前的大运河洛社段

提升改造后的大运河洛社段

图4-12　大运河洛社段四级航道提升改造三级航道前后对比

图4-13　1989年整治工程完成后的梁溪河至下甸桥段新运河

下编 大运河保护传承利用的先行者　　第四章 保护大运河的无锡实践

图4-14　1997年10月立于锡山大桥西南堍、运河西路东侧的京杭运河无锡段整治工程记

1990—1992年，无锡对大运河高桥至吴桥段、黄埠墩至下甸桥段进行整治。1997年8月20日竣工后，京杭运河无锡段全线达到国家四级航道通航技术要求，是内河航运建设中综合利用水资源、取得高效益的典型，成为全国内河航道建设工程的样板（图4-14）。

1998年，大运河无锡段完成四级航道提升工程后，无锡市对运河两岸青坎线内及沿线港池、堆场等土地，进行征地范围指界、埋设土地界桩及测绘制图等工作，及时完成了航道两岸土地的权属界定工作。当年10月，以俄罗斯内河总局副局长萨文科为团长的俄罗斯内河航道代表团一行8人来无锡考察大运河，对无锡段整洁宽阔的航道和两岸优美的环境赞不绝口。

由于大运河无锡段船舶流量较大，每年船舶通过量超1亿吨，受航行波冲击，部分护岸出现破损、缺口，河道淤积。为使无锡运河真正成为全国内河的文明样板航道，大运河再完善工程被列入江苏省航道局2000年度专项工程。工程于2000年7月开工，当年10月全面竣工，共完成外复式加固驳岸4033米，修复驳岸11千米，疏浚土方9.8万立方米。

自2002年起，水泥船被禁止进入大运河无锡段。2005年起，挂桨机船也被全面禁止进入。2003年，无锡成立了苏南地区首个航

121

保护 传承 利用 **中国大运河** 依河而生 因河而兴 工商文化历久弥新 运河精神生生不息

图4-15 大运河三级航道上的金匮桥

政稽查支队，进一步加强对运河水上航运的管控。2005年，无锡市人大常委会颁布《无锡市水上交通安全管理条例》，这是全国地级市首部规范内河交通安全管理的地方性法规，其中有许多对大运河无锡段水上交通管理和保护的内容。

"十五"期间，大运河无锡段船舶通过量年平均增长率达20%，2003年船舶通过量超1亿吨，2005年达1.5亿吨、船舶流量80万艘。2007年货运量突破2亿吨，是沪宁高速公路无锡段货运量的5倍左右，船舶密度逐年增大，船舶大型化趋势明显；运河航道通航能力不足、部分护岸严重破损、配套保障设施不足等问题日益突出，运河内堵船现象经常发生。如2003年5月，大运河无锡段发生了9天9夜的连堵。2006年4月，洛社至高桥段运河发生堵挡事故，拥堵距离超过15千米。

2007年12月30日，启动大运河无锡段四级航道提升改造三级航道工程，起于无锡与常州两市交界处的直湖港，止于无锡与苏州两市交界处的五七桥，共整治航道39千米左右、改建桥梁9座、建设水上服务区2个（图4-15、图4-16）。2011年11月11日，大运河无锡段全线建成三级航道，最大船舶吨位从500吨提

图4-16 2007年~2011年大运河无锡段四级航道提升三级航道时建设的大运河水上服务区

高到1000吨,平均航速提高30%。

为了更好地维护运河航行秩序、保证航道安全通畅,无锡积极引入新技术,不断抓好对运河的实时监控。2006年11月,无锡建成大运河无锡段电子监控系统,从而全面掌握船舶航行动态,提升航道通航效率。2011年,无锡运用物联网技术建设"感知航道",在运河航道两岸安装传感器,实时监管航道通行情况。大运河无锡段成为京杭运河全线示范段,被誉为"黄金航道、生态航道、景观航道、智慧航道"。

此外,无锡还对流域内伯渎河、锡澄河等运河段进行了多轮疏浚提升,完善运河综合交通枢纽设施。

从治水到创新"河长制"

20世纪70年代起,大运河无锡段和其他城市的运河一样,遇到了水系萎缩、河道淤积严重、水质恶化等水污染问题(图4-17)。

经过多年的探索与实践,无锡人逐步认识到,现象上治的是水,本质上是转变发展方式;运河水污染问题表现在水里、根子在岸上。无锡有27.7%的工厂、86%的工业仓库建在运河沿岸,年吞吐超过万吨的大型工业企业绝大部分靠着运河。自20世纪80年代开始,运

图4-17 20世纪70年代的伯渎河

河沿岸先后兴建了清扬路污水处理厂、芦村污水处理厂、城北污水处理厂、金塘桥污水提升泵站等污水处理项目,持续完善市区下水道管网系统。同时,严格控制污染源,逐步淘汰关闭了运河沿岸的化工厂、染料厂等高污染、高能耗企业。

1984—1987年,无锡耗资4000多万元,在重污染企业中投入130多台(套)污染治理设施。1986年,无锡投资1400万元,对古运河沿岸57家污染严重企业进行综合治理。1987年,古运河沿岸70%左右的工厂建成了污水治理设施。1988年10月,在扬北泵站和庵桥河调水站,使用31台大口径水泵,将新运河的清水引入市区古运河河道中,实施调水冲污。经过治理,古运河也一度有过鱼儿洄游的情况,但很快又出现反复,水质时好时坏。

1984年,无锡对23家污染严重的工厂进行搬迁。1987年2月,无锡市政府颁布《无锡市污染治理设施管理办法》,确定对28家企业实行污染治理目标责任制。当年8月,对造成运河河道污染的利用造纸厂处以2万元罚款。1986—1990年间,先后搬迁运河流域30家规模较大的污染工厂。1988年,无锡市人大常委会专门作出决议,要求重点污染源企业在限期内解决污染问题,对污染问题严重又无治理条件的企业必须搬迁,如第五色织厂、红星手帕厂、无锡电镀厂、被单厂、毛巾厂等企业,均被关停。

1991年3月,无锡市人大常委会审议通过《关于大力改善水环境质量的议案》,无锡市政府以锡政发〔1991〕第117号文件印发实施意见,对重污染企业采取有力措施实行综合治理、布局调整,完成了对利用造纸厂、太湖造纸厂、溶剂总厂、钛白粉厂等企业的搬迁工作。

20世纪90年代,无锡市对水体功能实行分类控制,加快水污染治理基础设施建设,有效削减污染物排放量。1991年,出台《无锡市排放水污染物申报管理办法》,对企业实行排放污染物总量控制。1992年,制定京杭运河无锡段排放水污染物总量控制目标。1994年,出台《无锡市排水管理办法》,对排水工程建设、排水及排水设施管理等作出具体规定,并责成水利、建设、环保等部门各司其职、开展监督。

1995年，无锡制定《排污申报登记实施方案》，全面实施排放污染物申报登记制度，加大古运河两岸和城区河道的整治力度，实施污水截流，改善古运河水环境质量。2002年，无锡市推行排污许可证制度，加强污染源头控制，严把污染项目审批关。2001—2007年，在对河道周边地区污水截流过程中，封堵500多个排污口。2005年实施"退城进园"，将市区内运河边有污染但无条件建设污水处理设施的工厂逐步搬迁至相应的工业园区。

从20世纪80年代开始，无锡每年都投资几百万元用于河道清淤，持续改善河道水质。1983年，对西水墩至南吊桥段河道清淤。1987年，对黄泥桥至西水墩段、虹桥至定胜桥段河道清淤，通过观察测试污泥与河水黑臭的关系，持续有计划地对古运河重点保护区段开展清淤工作。环卫部门还定期清除水上飘污物，关闭了文化宫、清名桥堍、周山浜、吴桥、迎龙桥等处的出粪口，减少了粪水对河道的污染。

1998年1月，无锡市第十二届人大一次会议通过《关于加快清除城乡河道积淤的决议》，同年5月26日，无锡市政府印发《关于贯彻落实市人大加快清除城乡河道积淤议案决议实施意见的通知》，投资8亿元对无锡市的河道进行全面疏浚。同年，河道清淤工程启动实施，经持续治理，2002年底，大运河无锡市区段重现鱼虾（图4-18）。

2003年起，河道清淤被列入常态化城市河道综合整治工程内容，清淤完成后引入清水，养殖具有净化与修复水体功能的水生植物，河道环境状况得到明显改善。其中，2004年对城

图4-18　清淤后的环城河水质明显改善，重现鱼虾，市民在运河边钓鱼

图4-19 根据2001年编制的《无锡市城市防洪规划》建设的江尖水利枢纽

区运河水系内15条河道、25条支浜进行清淤,从古运河底清出19.3万立方米淤泥、环城运河底清出18.3万立方米淤泥,北塘联圩、羊腰湾、耕渎圩等河道改变了常年水体黑臭的现象。

从2002年开始,无锡利用长江高水位,实施持续调长江水入运河河道和城区其他河道,改善运河水质,据统计,最多的一年共调长江水16亿立方米。

1976年,无锡编制全市防汛工程规划,建设北塘联圩。根据2001年编制的《无锡市城市防洪规划》,无锡以大运河为界,运河以东片区采用大包围设防方案,保护面积130平方千米,建设仙蠡桥、江尖、九里河、伯渎港、寺头港、利民桥、北兴塘、严埭港等8个水利枢纽(图4-19),运河以西片区分别建设山北北圩、山北南圩和盛岸联圩等。到2007年,共投资20亿元、以大运河进行分区的无锡城市防洪排涝体系全面建成。随着控源截污、清淤、调水引流、防洪排水等工程的持续建设和实施，运河水质逐年得到改善。

2007年5月29日，无锡居民早晨在刷牙洗脸水中嗅到了异味。太湖贡湖湾的无锡自来水厂取水口水源受到水污染影响，无锡发生了水危机。

如何化危为机？无锡在及时应急处理太湖水危机的同时，组织开展了"如何破解水污染困局"的大讨论，广集良策。大家认为：破解水环境治理困局，需要流域区域协同作战。治水绝不是一两个部门、某一个层级的事情，需要充分发挥地方党委和政府的主导作用，重构顶层设计，实施部门联动。

2007年8月，《无锡市河（湖、库、荡、氿）断面水质控制目标及考核办法（试行）》出台，明确将河流断面水质检测结果纳入各市、县（区）党政主要负责人政绩考核内容。从此，"河长制"在无锡诞生，即由各级党政主要负责人担任"河长"，负责辖区内河流的水环境治理和水质改善。2008年9月，无锡市委、市政府联合下发《关于全面建立"河（湖、库、荡、氿）长制"全面加强河（湖、库、荡、氿）综合整治和管理的决定》（以下简称《决定》），对"河长制"管理工作作出了明确规范，从组织架构、责任目标、措施手段、责任追究等多个层面提出了系统、全面、详尽的要求，标志着无锡"河长制"由实践探索走向制度化、规范化。

《决定》明确要求地方党政领导对水环境质量负总责，以水资源保护、水域岸线管理、水污染防治、水环境治理等为主要任务，以断面水质达标为核心，进行有关水环境治理保护的责任分解、落实和考核，做到标本兼治、上下游共同治理。"河长制"分为四级：无锡市委、市政府主要领导分别担任市主要河流的一级"河长"，有关部门主要领导分别担任二级"河长"，相关乡镇街道主要领导为三级"河长"，所在行政村（社区）的干部为四级"河长"，实现了对区域河流的"全覆盖"。通过构建责任明确、协调有序、监管严格、保护有力的河湖管理保护机制，为维护河湖健康生命、实现河湖永续利用提供制度保障。

2009年10月1日，《无锡市河道管理条例》正式施行。无锡将"河长制"这一机制正式纳入地方性法规。无锡"河长制"的做法受到社会广泛关注，全国许多城市结合自身实际，不断丰富完善"河长制"的内涵。随着"河长制"实践探索的不断深入，2016年11

保护 传承 利用　**中国大运河**　依河而生　因河而兴　工商文化历久弥新　运河精神生生不息

图4-20　无锡市惠山区洛社万马白荡"河长制"管理公示牌

月,中共中央办公厅、国务院办公厅印发了《关于全面推行河长制的意见》,"河长制"开始在全国实行(图4-20)。

大运河无锡段由无锡市委、市政府主要领导担任河长,建立"党委领导、河长主导、上下联动、部门联治、统筹协调、长效管护"的河长制工作格局。通过落实"一河一策"综合整治措施,重点关注水质未达标断面,加强水质预测预警,严防水质波动降类,用面源治理、内源控制、水生态修复等技术措施提升运河断面水质,积极建设截污导流工程,科学调度涵闸、泵站等各类水利设施,大运河水环境持续向好。

2019年,以"守河长初心,担治水使命"为主题,在无锡召开了全国专业性治水论坛——首届河长制暨治水高峰论坛。无锡以此为契机,整合治水领域政产学研的优势资源,开启了"强强联合、精准治水"的新一轮实践探索,积极打造"河长制"管理升级版,以消除劣质水质为核心,坚持"系统治理、综合施策",使这一制度在方案设计、制度健全、河长履职、河湖治理等方面不断迈上新台阶。

"河长制"有效落实了"地方政府对水环境质量负责"的制度,将治水责任落实到每个河长身上,通过源头防控、系统治理,有效解决了长期以来"九龙治水""没人管"或是"多头管"等管理不到位的问题,对于改善运河水环境、加强长效管护等方面具有重要意义。"河长制"工作开展以来,运河水质改善明显,从根本上促进了无锡水环境整治。推行"河长制"是无锡在保护传承利用运河过程中,治理运河污染的创新篇章。

第二节 1983年在国内率先编制古运河保护规划并不断完善

20世纪50年代,无锡就着手对大运河进行保护,一届又一届政府始终坚持抓好这项工作。1979年,无锡掀起了一场对古运河保护的大讨论,使广大市民进一步认识到运河保护规划的重要性。

1983年8月,无锡市城建局组织规划管理处编制无锡市区古运河规划。在规划过程中,针对此前填河建路造成不少大运河支流支浜灭失的问题,古运河规划提出:如果不能先人一步保护古运河,伴随无锡数千年发展的运河水系可能会消失殆尽。1983年11月,无锡市政府组织论证《无锡市区古运河规划》(以下简称《古运河规划》)。同年12月23日,无锡市第九届人大常委会第六次会议审议通过《关于〈无锡市区古运河规划〉的决议》(以下简称《人大决议》)(图4-21),无锡成为国内第

图4-21 1983年12月23日,无锡市第九届人大常委会第六次会议审议通过《无锡市区古运河规划》的决议

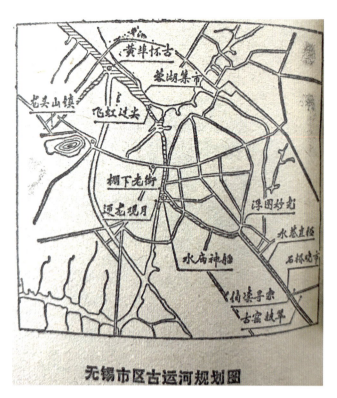

图4-22 1983年无锡市区古运河规划12个景点示意图

图4-23 1987年无锡市政府公布《无锡市古运河管理暂行规定》,成为大运河沿线城市中最早规定保护区、出台管理规定的城市

一个编制古运河保护规划的城市(图4-22),也是国内第一个由地方人大立法实施古运河保护规划的城市。人大决议明确规定,未经无锡市政府批准,不得填河塞浜;过境船只一律走新运河(吴桥—下甸桥段);沿古运河两岸50米内为保护区。

根据市人大决议,1987年无锡市政府公布《无锡市古运河管理暂行规定》(图4-23),划定古运河保护区,范围从黄埠墩到清名桥,全长6.6千米,同时还对水质、航道、建筑、绿化等方面的管理,以及房屋修缮、文物保护、公用设施、奖励与惩罚等措施作出了相应规定。自此,无锡成为大运河沿线城市中最早划定保护区、出台管理规定的城市。

古运河规划是一项比较系统的保护规划,包括古运河保护、文化修复建设规划等内容,涉及运河功能利用、整治提升,还提出了规划保护区、控制区等很多具有前瞻性的保护理念,注重处理好新修建建筑与原有建筑、新建防洪堤岸与古运河风貌、古运河与新建道路桥梁之间的关系。这一规划为无锡城市大发展时期运河水系得以较为完整地保存,古运河两岸工业遗产、古街等得以完整保留,起到了重要的保障作用,为后来无锡一系列大运河保护的

图4-24 根据无锡古运河规划建设的"浮图妙光"景点

规划提供了依据。

古运河规划以保护古运河风貌、水乡特色为原则,贯彻"全面控制,重点保护,分段改造,逐步建设"的方针,力求保持运河水质洁净和航运畅通、沿河环境优美,规划分高桥—吴桥、吴桥—莲蓉桥、江尖—人民桥、人民桥—南门吊桥(南长桥)、南门吊桥—清名桥、清名桥—下甸桥6段,将市区航道分成旅游、中转过境、市内货运三种类型,同时要求保护伯渎港、惠山浜两段支流,重点打造吴桥经江尖至莲蓉桥、棚下街经西水墩至迎龙桥、南门吊桥至清明桥三个特色风光段,恢复建设黄埠怀古、蓉湖集市、飞虹过尖、棚下老街、迎龙观月、水庙神船、浮图妙光(图4-24)、水巷直径、石桥晓市、古窑披翠、龙头山镇、伯渎寻踪(图4-25)等12个景点。

无锡市政府高度重视古运河规划的执行。先后修订和充实了规划内容,做好对古运河文物的普查和考证,维修古运河沿岸公私房屋,改造了一批危房,在古运河两岸新建绿地等等。特别是加强了对古运河保护区内的规划建设管理工作,对古运河保护区内的项目方案进行审查时,注重保持古运河的风貌特色;在保护区内严格控制新建项目,重要保护地段坚

保护 传承 利用 **中国大运河** 依河而生 因河而兴 工商文化历久弥新 运河精神生生不息

图4-25 根据无锡古运河规划建设的"伯渎寻踪"景点

决不搞新建项目，如否决了市饲料厂改建古运河仓库区的设想；对保护区内翻建项目严格控制高度和密度，尽可能挤出空地搞绿化；经常对保护区进行巡查，一经发现违章建筑就及时处理，如拆除了在橹店弄违章所建的"三代店"；严格保护区内私房翻建的审批手续，专门设计了四种具有无锡水乡建筑风格的图样，供辖区建设部门批照时参考。

1993年，无锡邀请清华大学吴良镛教授、徐莹光教授等专家对古运河南长街段进行了规划。

1995年，无锡修订《无锡城市总体规划》时，对古运河的保护利用、绿化、文物修复、环境保护、旅游等方面提出了要求。同年12月，吴桥至清名桥6.6千米河段的无锡古运河历史文化保护区，被列为江苏省首批历史文化保护区。

1999年，无锡市编制古运河两侧详细规划，范围北起吴桥，经西水墩、南长街、清名桥至下甸桥新老运河交汇处，全长约10.6千米，总面积7.7平方千米。规划贯彻"尊重现实、因地制宜、发掘特色、突出重点"的原则，形成"历史新区、米市码头、都市风光、文化长廊、运河人家"等特色区域，重点做好惠山浜、西水墩及清名桥地区的保护利用，使古运河沿线"有新的、有旧的、有历史的、有现代的、有过去的、有眼前的、还有将来的"，反映出无锡城市发展的历史脉络，使运河这条水轴、绿轴、文化轴真正成为无锡山水城市的艺术骨架。

2003年，无锡聘请全国历史文化名城规划专家、国家历史文化名城研究中心主任、同济大学阮仪三教授为顾问，编制《无锡历史文化保护规划》，突出展现无锡特有的江南水乡人文特色：龙头下至黄埠墩的惠山浜沿线突出"祠堂建筑文化"特色，黄埠墩至江尖大桥段突出"米市码头"特色，江尖大桥至西水墩段突出"都市风光"特色，西水墩至南门吊桥段突出"文化长廊"特色，南吊桥至清名桥段突出"运河人家"特色，清名桥至南水仙庙段突出"古窑群"特色。同时，对古运河流域范围内一批重点古桥、渡口进行保护修复，依托近百处历史人文景观，建设古运河历史文化保护区，按照文物建筑保留、一般建筑"修旧如旧"的原则进行沿河历史街区改造。整合新建与保留建筑的功能，充分挖掘其文化内涵，保护和利用好历史遗迹，激活城市功能，使古运河两岸成为市民及游客文化休闲、娱乐的好去处。

2004年1月5日，无锡市政府在江苏省率先以政府令的形式出台《无锡市历史街区保护办法》，将古运河两岸街区纳入历史保护街区，明确"历史街区的保护应当坚持保护为主、抢救第一和有效保护、合理利用、加强管理的原则""历史街区范围内的土地利用和各项建设，必须符合历史街区保护规划的要求""经批准的历史街区保护规划，任何单位和个人都必须严格执行，不得擅自改变"。

2005年，无锡编制《环城运河区域综合整治规划》，对环城运河长约9千米、用地面积约4.3平方千米的范围进行了全面的规划，确定了核心保护段、控制保护段和环境协调段，并按照规划实施了环城运河整治工程。在古运河保护规划的基础上，无锡还先后编制了《南长街古运河历史街区详细规划》《清名桥历史街区保护规划》《惠山古镇规划》《无锡火车站站前商贸城规划》等与运河保护相关的详细规划。

经过持续的规划保护建设，无锡充分展现了中国大运河特色，被全国政协大运河保护与申遗考察团认定为"最具原生态风貌的古运河文化绝版之地"。2006年，古运河无锡段以"开凿最早、贯城而过、遗存众多、原生态风貌的精华之地"入选第六批全国重点文物保护单位。2007年,无锡被国务院确定为国家历史文化名城,保护范围主要为古运河和环城河所围合的区域,面积3.64平方千米,清名桥、惠山古镇、小娄巷、荣巷古镇等4个历史文化街区等被列为重点保护区。

2009年,中国大运河文化遗产保护峰会在无锡召开,40多名专家学者共商运河保护与利用良策,朱光亚、罗哲文、郭旃等著名专家学者实地考察清名桥历史文化街区,并就其整体保护、有机更新提出进一步的建议和意见,朱光亚说:"万里长城看八达岭,千里运河看清名桥。"(图4-26)

图4-26　朱光亚在2009年中国大运河文化遗产保护峰会上说:"万里长城看八达岭,千里运河看清名桥。"

第三节　曲折的运河保护实践

长期以来,无锡历届政府孜孜以求地赓续保护大运河,一代代无锡人锲而不舍地精心呵护大运河。但我们也要看到,由于诸多因素及历史局限,无锡运河的保护和利用也经历过曲折,走过弯路,也有一些不尽如人意之处。

旧时无锡城中的大小河浜,密如棋局,家家临河,水网如织。新中国成立后,无锡百废待兴,由于河网密布,道路、桥梁普遍比较窄小,车辆通行困难,普通百姓出行、货品运输不便。无锡市原本是个县城,城区面积又很小。环绕无锡市区的无锡县由苏州地区管辖,无锡郊区所在的区域,则承担着城市蔬菜等副食品供应的重任。受当时经济发展水平和发展空间的限制,加上那个时代对城墙的保护意识不强,拆城墙填河修路成为解决城市交通、拓展城市空间投入最少、见效最快的方法。

20世纪50年代,拆城墙填河筑路工程共填塞河浜50多条,拆除老桥70余座,城中直河和很多运河支浜消失,古运河河道水系遭到了不同程度的破坏。六七十年代,由于通济桥浜、振新河等河道污染严重,也被简单化地填没、改建为道路。此外,为了备战备荒,无锡利用一些河道开挖建设了人防设施(图4-27)。为了解决老城交通、改善百姓出行条件,这些措施在当时经济社会发展条件下,也是迫不得已。

"60年代河水可淘米洗菜,70年代河水开始变坏,80年代河里鱼虾绝代,90年代河水不能洗马桶盖",无锡民间流传的这段顺口溜反映了无锡运河水质的变化。无锡虽然在20世纪80年代填东环城河过程中排设了大口径排水管,但由于填河破坏了水系,每逢雨季,短时间内反而还会造成部分地区污水倒灌。1983年,无锡市人大常委会通过《关于〈无锡市区古运河规划〉的决议》,明确以后未经批准不允许填河塞浜,才改变了随意填河的状况。

1991年汛期,无锡发生了百年未遇的特大洪涝灾害,各水文站均比1954年的历史最高水位高出15~20厘米,低洼地区房屋进水,很多企业受淹。特大洪涝灾害导致北塘大联圩内积水深度超过警戒水位0.5米,无锡老北塘地区自莲蓉桥至吴桥北塘沿河的商店和民房险象环生,严重危及该地区百姓的安全。为及时应对天气预报可能还会连续有强台风、大暴雨等更加严峻的防汛形势,保障群众生命财产安全,改善北塘大街的通行条件,决定拆除北塘沿河一条街,改建和加固沿河防洪墙,确保北塘大联圩安全。北塘大街沿河建筑被全部拆除,其中包括大量有价值的历史遗存以及典型的民国建筑等,最具特色、最能代表无锡老北塘繁华的码头、市场从此消失。为了防汛拆迁改造低洼地区,本是好事,但是由于谋划不够科学周全,宝贵的历史文化遗产未能保护好,致使老北塘地区在文化上与南长街相比形成了"南亮北暗""南兴北荒"的局面。

与北塘大街相比,南长街还是幸运的。1993年,无锡邀请清华大学的吴良镛教授和徐莹光教授等,主持编制《无锡市南长街历史街区保护利用规划》,这一规划堪称经典之作。可惜,1995—1996年,无锡南长区没有严格按照规划进行建设,而是采取了"以房带路"的政策,对南门南长桥至跨塘桥段600米南长街进行了先期改造。带来的后果是,本应被重点保护的南长街北段一二层楼高的民居被拆除,

图4-27 20世纪80年代正在施工的环城河人防工程

古运河南长历史街区

吴良镛 题

图4-28 2002年吴良镛先生在古运河现场深入调研并题字"古运河南长历史街区"

相反建了四五层高的仿古商业用房,用于平衡30米宽道路的拆迁资金,令如今的古运河南长桥至跨塘桥段失去了原有的韵味。

2001年11月,无锡南长区负责人到北京,邀请两院院士、清华大学吴良镛教授再次来无锡,为南长街古运河历史街区"把脉问诊"(图4-28)。在吴良镛教授的指导下,由清华大学建筑与城市研究所吴唯佳教授主持编制的《无锡市古运河清名桥沿河历史文化街区保护规划》,历经6轮慎重的反复论证,于2007年3月获得无锡市政府批准。

该规划提出:第一,全面保护、合理利用的原则。按照"吴文化的窗口、古运河的精华、老无锡的缩影"的理念,全面发掘和保护清名桥历史文化街区的历史文化遗存。在确保历史真实性、风貌完整性的基础上,实施合理改造和开发。第二,总体规划、分步实施的原则。对街区的保护性修复坚持整体规划,分阶段推进,做到试验先行、慎重建设。第三,统筹兼顾、协调推进的原则。将街区保护性修复与太湖广场建设有机结合,文物保护与街区风貌营造有机结合,街区环境整治与环保截污有机结合,街区建筑修复与危旧房改造有机结合,南禅寺文化商城综合整治与街区旅游开发有机结合。第四,以人为本、改善民生的原则。历史文化街区保护性修复,必须切实维护和保障居民群众的切身利益,满足人们对生活、工作、休闲的要求,建设良好的人居环境。第五,开拓创新、务求突破的原则。积极探索历史文化街区搬迁新模式,创新融资平台,探索市场化保护性修复的新路子。

该规划提出通过对清名桥历史文化街区的

保护、整治和复兴，延续历史文脉，塑造人文特色，优化综合环境，完善城市功能，把清名桥历史文化街区打造成集世界文化遗产、旅游休闲度假、文博艺术欣赏体验等于一体的国际旅游街区，使之成为最具江南文化特色、最显运河古韵风情的绝版地，以及最具核心竞争力的文化街区。

无锡充分尊重专家的规划意见，加强了对大运河清名桥段水道及聚落遗址的保护，采取了慎之又慎的做法，力求展现大运河清名桥段的原真性和完整性。在具体实施过程中，始终坚持"保护传承、有机更新"的理念，整体规划、分步实施，全力保护历史文物；挖掘文化内涵，恢复街区风貌，展现运河魅力；着力对历史建筑进行保护性修复；积极推动聚落遗址风貌、肌理、内涵的整体保护和有机更新；努力彰显历史时空、文化视野、现实体验中的"天地人和"；努力实现"保护与传承利用并举"。

根据保护规划，首先，新建了通扬路和永乐路，分流南长街的机动车，保留南长街步行街功能（不再拓宽至30米）及原有街巷的风貌肌理。接着，按照"修旧如旧、有机更新"的原则，2008年全面启动清名桥历史街区保护修复工程，完成了街区内污水管网铺设，进行了河道清淤、水环境治理、驳岸整修和码头修复，对沿河两岸进行了综合整治，使街区风貌更具特色。先后修复了南长街两侧的民居建筑群，以及祝大椿、薛南溟等多处名人旧居，建成开放了大运河文化艺术馆、丝业博物馆、窑群遗址博物馆（图4-29），恢复开通了运河水上游，策划了江南民俗风情之旅、民族工商休闲之旅等旅游服务线路。

图4-29 利用工业遗产永泰丝厂建设丝业博物馆，利用大窑路古窑建设窑群遗址博物馆

2010年，清名桥历史文化街区获得"中国历史文化名街"称号，2012年获得"中国著名商业街"称号，2014年获评"国家4A级景区"，2018年被评为"中国商旅文产业发展示范区"，2021年11月入选首批"江苏省旅游休闲街区"，2022年1月10日入选首批"国家级旅游休闲街区"。

同时，无锡还对运河一侧的惠山古镇历史街区开展保护和修复，完成了人杰地灵牌坊、惠山园、留耕草堂、宝善桥等建筑和祠堂的修复，建成了锡惠公园入口广场、中国泥彩塑研究院和中国泥人博物馆等。2010年11月，惠山古镇被评为"国家传统建筑文化保护示范工程"，2011年6月荣获"国家文物保护最佳工程奖"、入选"中国历史文化名街"，2020年被评为"国家5A级景区"，2021年获评"江苏省非遗旅游体验基地"（图4-30）。

新中国成立以来，无锡经历了拆城墙、填河建路、拆除部分沿河特色建筑码头到修复运河"四门八区"、修缮清名桥历史文化街区的曲折过程，其教训体会是深刻的。

1983—1987年，无锡出台《关于〈无锡市区古运河规划〉的决议》《无锡市区古运河管理暂行规定》，对运河实施"全线控制、重点保护、分段改造、逐步建设"的方针。但在具体执行过程中有时未能很好地统筹保护与建设的关系，在推进运河沿线旧城改造、防汛设施建设过程中，忽视了城市特色的保护，导致1991年北塘沿河建筑、市场被拆。

1993年，无锡邀请清华大学吴良镛、徐莹光教授等为大运河沿线做了保护规划后，受当时历史经济条件的限制，并没有完全按照规划落实，导致南长街北段600米没有保留原有古运河的整体风貌，2001年才意识到走了弯路，再次邀请清华大学吴良镛教授、吴唯佳教授等来锡指导纠偏。吴良镛教授希望南长街历史街区保护要发挥韧性，并指出，保护规划固然有曲折，但要坚持，要不断精益求精，要珍惜已有的工作和成果。

但总的来说，无锡运河保护规划建设的起步还是较早的。吴良镛教授曾评价说，南长街历史文化街区保护规划比一般的保护规划要深入得多，规划在工作方法、设计创意上也做了很大的努力，有很好的成果，较好地处理了历史、现状和未来发展的时空关系。

2006年起，无锡积极参加中国大运河沿线城市联合申遗行动，并以此为新起点，以保持风貌、重建生态和保护遗产为着力点，先后出台一系列的规范性文件。2009年，编制《大运河（无锡段）遗产保护规划（2010年—2030

年)》。2009年年初,成立了大运河无锡段遗产保护规划办公室,同年7月,《大运河(无锡段)遗产保护规划》通过了江苏省级专家组的评审,同年10月,无锡市人大制定《无锡市历史文化遗产保护条例》,突出将大运河无锡段作为保护的重点。2013年8月,无锡颁布《无锡市大运河遗产保护办法》,对大运河无锡段遗产保护原则和范围等方面作出全面规定,提出保护大运河遗产、规范大运河遗产利用、促进大运河沿线地区经济社会文化全面协调和可持续发展,通过提炼大运河遗产的普遍价值,完善保护规划,精心整治修复。同时,无锡先后投入70亿元改善水质、修建驳岸、修缮古迹,持续加力运河保护,使无锡成为中国大运河申遗的主力军之一。

2013年9月,无锡市政府批准《无锡市古运河风光带规划》,规划确定了"将古运河沿岸建成文化景观长廊、生态旅游长廊和高端服务产业长廊,打造无锡最具特色的城市名片"的总体定位,把古运河风光带打造成人文与生态、历史与现代、宜居与宜业的精品工程,让千年运河重现迷人风采,焕发勃勃生机。同时,启动古运河风光带的三年行动计划:第一年推进基础设施优化工程,实施交通完善、清水活水、桥梁美化行动;第二年推进老城改造更新工程,实施城中村、危旧房改造、建筑整治、夜景照明行动;第三年推进生态景观工程,实施岸线优化、旅游推进行动。

2014年6月22日,中国大运河成功申遗,列入《世界文化遗产名录》,作为中国大运河的精彩一段,无锡清名桥历史文化街区和城区运河故道名列其中。联合国申遗专家组对无锡运河给出很高的评价:自跨塘桥至清名桥是典型的运河聚落,可谓"江南水弄堂,运河绝版地",无锡环城运河反映了运河和城市相生相伴的典型关系,即"环城运河龟背城"(图4-31、图4-32)。

2015年,无锡以古运河为基础、都市旅游休闲为特色,充分利用运河历史文化资源,建设江南古运河旅游度假区,同年获评江苏省级旅游度假区(图4-33)。

2017年,国家启动大运河文化带建设。无锡作为大运河文化带建设的重要城市,积极响应和参与大运河文化带建设规划。2018年5月,无锡市大运河文化带建设工作联席会议第一次全体会议召开,明确将无锡二市(县)五区全域纳入大运河文化带的建设范围,并相继出台《大运河文化带无锡段保护传承利用实施规划》等文件,为推进大运河文化带建设提供"无锡方案"、贡献"无锡智慧"。

保护 传承 利用 | **中国大运河**　依河而生　因河而兴　工商文化历久弥新　运河精神生生不息

图4-30　惠山古镇历史街区

图4-31　江南水弄堂，运河绝版地

图4-32 环城运河龟背城

图4-33 江南古运河旅游度假区

第四节 保护运河的社会民间力量

从古至今，不仅无锡地方政府有着强烈的运河保护意识，社会民间对运河保护也有着高度的自觉。无锡地方政府一直注重引导、鼓励、支持社会民间力量的参与。特别是在顶层设计方面，突出通过立法来推动民间力量积极参与，在制定相关法规以及规范性文件时，均强调民众参与保护的重要性，形成了全民保护大运河的格局。多年来，无锡社会民间力量已成为运河保护的重要力量。保护运河的理念、意识也已根植于城市文化之中，形成了全民参与、全民保护的格局。

无锡民间活跃着一批运河文化专家学者，他们深入基层，用通俗易懂、鲜活生动的语言讲述运河故事，提升运河文化影响力。自改革开放以来，无锡先后成立了古运河研究会、吴文化研究会、梁溪书友会等诸多民间运河文化研究机构，开展运河文化论坛、文化遗产论坛、运河文化系列讲座、大运河文化志愿宣讲等交流研讨活动，围绕运河遗产的保护和价值挖掘、运河文脉的梳理与价值阐释，积极建言献策，为大运河保护提供智力支持。无锡古运河研究会专家组成员富耀南就是其中的代表。有浓厚运河文化情结的他，多年来坚持运河

图4-34　运河保护志愿者富耀南作《中国大运河无锡段的前世今生》讲座，为运河文化保护传承贡献力量

文化研究和宣讲，密切关注大运河沿线的文物保护工作，积极建议抢救保护三里桥米市的历史文化，呼吁社会各界重视大运河文化带建设，为无锡运河文化保护传承贡献力量（图4-34）。

1988年10月，无锡市民间文学工作者协会（无锡市民间文艺家协会前身）与江南运河航运史办公室联合组成"古运河文化考察队"，对无锡古运河的形成、沿革、社会风情、民风民俗等方面进行了实地考察。2007年，来自梁溪书友会的40多名老人，发现位于大运河无锡北入口玉祁的周忱庙残破不堪，遂奔走呼吁抢救修缮。周忱是明代无锡治理大运河的功臣，周忱庙重修于清嘉庆年间，其建筑与古碑具有重大历史价值。

无锡各级人大代表、政协委员长期关注大运河无锡段的保护传承。1986年，在无锡市人大第九届四次会议上，代表联名提出了《关于综合整治新运河环境、建设河滨绿带的议案》，议案提出要编制河滨绿带详细规划设计、切实制订综合整治实施计划、建立新运河环境综合整治指挥部等意见。1991年3月，无锡市人大第十届四次会议上，100余名代表联名提出《关于大力改善水环境治理的议案》。1994年，无锡市人大出台《无锡市水环境保护条例》，将包括运河水系在内的无锡全市水环境保护纳入了法治轨道。

1995年12月，江苏省政府批准京杭运河无锡市区段为江苏省历史文化保护区。从1998年6月起，无锡市政协学习文史委，对无锡市区古运河环境治理和文化资源保护利用情况进行了全面调查。1999年4月1日，无锡市第十届政协第十四次主席会议讨论通过《关于加强无锡古运河历史文化保护区建设和管理的建议案》，建议：进一步明确"古运河历史文化保护区"建设和管理的总体目标；抓紧制定建设和管理的总体规划；建立政府为主、社会参与的保护开发机制；多渠道筹措建设资金，依法进行建设和管理等。

2002年，无锡市人大第十二届五次会议代表建议"古运河两侧乱堆乱放必须整治"。无锡市政府十分重视，组织清除古运河南长街、城南路两侧垃圾750吨，收缴违章广告牌100余块，翻新路面1.22千米，铺设路侧石2.39千米。之后，无锡市政府又根据代表建议，将古运河北塘段船舶交易市场600余艘船舶转移到新运河下甸桥锚地停泊（图4-35）。2003年1月，在来自各行各业的126名人大代表呼吁下，无锡市人大第十三届一次会议提出《关于综合整治城市河道水环境的议案》。

图4-35　20世纪80—90年代北塘运河段船舶交易市场

保护 传承 利用 中国大运河 依河而生 因河而兴 工商文化历久弥新 运河精神生生不息

无锡拥有多类运河志愿者群体。有的志愿者积极投身于运河保护实践，有的志愿者倡导全社会共同保护运河，有的志愿者通过开展各类活动向群众宣传运河保护的重大意义……在他们的努力下，无锡先后成立了大运河志愿者服务组织、大运河书店联盟、古运河保护协会、大运河幸福365等民间组织。经过多年发展，无锡大运河志愿者队伍不断壮大，在汇聚整合社会力量的同时，也凝聚了全社会保护运河的共识，引领了大运河文明风尚，彰显了大运河文化风采，形成了一些运河志愿者服务的特色品牌。

倡导大运河保护的志愿者组织了"运河之旅"文明实践系列活动，通过实地走访大运河、"行走运河"系列研学旅行等形式，让运河文化走出书本、走出博物馆，走进老百姓的寻常生活之中，让群众了解大运河的前生今世，让大运河保护深入人心。2007年，无锡多家单位联合举办"千里走运河"活动，18位无锡志愿者在10天时间走完17个沿河城市，为倡导运河文明、鼓励更多人关注运河生态起到了积极的作用（图4-36）。2012年10月，无锡志愿者们联合大运河沿线的徐州、宿迁、淮安、扬州、镇江、常州、苏州等城市志愿者，跨地域共同开展"大运河历史文化保护志愿服

图4-36 运河保护志愿者组织大学生参加"千里走运河"活动，倡导运河文明

务大行动"，取得了良好的社会反响。

运河沿线环保志愿者开展"守护母亲河"志愿服务活动，组建"无锡运河环境保护志愿者服务队"，连续18年组织学生坚持开展"小水滴"监督岗志愿服务项目，通过对运河及沿线的水质监测及环保宣传等形式，营造"人人争当运河保护巡查员、运河环境监测员、运河文化宣传员"的良好氛围（图4-37）。有"运河卫士"之称的吴寿鑫，就是其中的突出代表。他有两本特殊的日记本，是从2000年8月1日起记载古运河羊腰湾冷渎港每天水色水质状况的"水日记"，一直延续了5000多天，直到他逝世从未间断（图4-38）。他14年如一日，密切观察和记录运河水情，并引导青少年树立

图4-37 无锡市小学生寻访运河人家，争当运河文化宣传员

图4-38 运河卫士吴寿鑫坚持每天做"水日记"，记录运河水情

运河保护意识，让保护大运河的意识植根于更多人心中。吴寿鑫的努力得到了无锡市委、市政府及有关部门的高度肯定，也收获了社会各界的广泛赞誉。

无锡民间还有众多运河文物保护者。他们寻访运河沿线的老宅老院，针对文物安全、消防设施、私搭乱建等情况开展日常巡查，梳理文物遗存，保护老宅老院，挖掘运河文化，讲述地方人文故事。比如，无锡老人许伟达捐资修复北塘"接官亭"。接官亭是旧时专门迎接在运河上来往官员的固定接待点，抗战时被日寇飞机炸毁。2004年，许伟达听说大运河正在申遗的消息，主动捐资10余万元用于重修这座接官亭。清名桥历史街区的居民们长期以来，始终坚持对古街文物古迹和遗址遗存的自发、自觉保护，使得古窑、古桥、老宅等未遭毁灭性破坏而消失。街区保护性修复工程启动后，居民积极提供展品线索，主动给无锡窑群遗址博物馆、中国丝业博物馆等捐赠家传或收藏物品达2000多件，为大运河无锡段增添了人文底色。

运河保护也得到了艺术家、文学家们的参与。1985年，无锡画家梁元创作的《抢救千年古运河》被中国美术馆收藏，引发了巨大的社会反响，也让无锡人深刻认识到保护运河的重要性。近年来，由无锡非遗传承人组成的传承运河文化志愿力量，自发设立"我们是守艺人"非遗传承项目，他们进校园、进广场、进展馆、进社区,开展与运河相关的非遗知识宣讲、非遗展览展示、非遗体验等活动,让群众"零距离"感知运河非遗,力求"保护+传承"代代不断。同时,作为爱国爱家乡的生动教材,这些艺术作品、非遗项目也成为展示无锡运河文化形象的名片。

2021年,无锡汇聚各类运河保护志愿者,成立统一战线"运河同舟"联盟,作为大运河沿线城市中首个以保护传承利用大运河文化为主旨的区域性统战团体,"运河同舟"联盟积极调动各类资源,广泛建言献策,利用独特优势讲好运河故事、投身运河保护。

第五章　大运河传承利用的无锡贡献

千百年来，无锡始终坚持在保护中传承运河文化，在传承中保护利用大运河，无锡与运河相生相伴、互为促进的城市形态特征浓缩了中国大运河的历史文化，也折射出运河在人类城市文明发展史上的重要的地位和功能，极富代表性和典型性。

第一节　从世界看中国大运河

古往今来，运河在川流不息中承载着人类的美好愿望，也在奔腾向前中孕育着各国的历史文化。放眼全球，500多条大型运河分布在50多个国家，这些人类的伟大工程滋养着沿岸3000多座运河城市和无数运河乡镇，增添了运河沿岸及流域的人文光彩。目前，苏伊士运河、巴拿马运河、基尔运河和京杭大运河等仍在发挥重要作用。此外，曼彻斯特运河、科林斯运河、圣安东尼奥河等河道也得到了很好的保护利用。

希腊科林斯运河是世界上较早谋划开发的运河之一，位于希腊南部科林斯地峡上。科林斯运河是潮汐水道，长6.3千米，深度7.9米，连接科林斯湾和萨罗尼克湾，是亚德里亚海和爱琴海之间的重要海上通道，使亚德里亚海沿线到希腊比雷埃夫斯的航程缩短了320千米。

运河建成之前，所有往来于上述两大海域之间的船队都要经伯罗奔尼撒半岛绕行，给海上运输业带来了极大的不便。

早在公元前583年，科林斯统治者佩里安德就提出要开凿这条运河，但是他没有真的去实施这个计划。罗马帝国时期又有人提出要建造科林斯运河，在恺撒、卡利古拉和哈德良等统治时期都有人探讨过这个计划，尼禄还做了尝试，可惜以失败而告终。中世纪时期，威尼斯共和国曾经考虑过建造运河来改善它对希腊的商业控制计划，但是由于工程量巨大，计划也被迫放弃。直到19世纪90年代，随着近现代科技的发展，才使这项运河工程得以实施。1882年，独立后的希腊政府开始修建运河，承建方是一家法国公司，由于两岸的高石灰岩非常坚固，科林斯运河的建造十分困难，挖了8年后，运河还没建成，该公司就因资金耗尽而破产。最终，运河项目被一家希腊公司接下来，直到1893年才竣工。这条运河是世界上极少数在坚固的岩石区开凿出的运河之一，堪称一项建筑奇观。

科林斯运河一直是一条"计划"中的运河，谋划了2000多年才得以完成。然而，这条运河并没有真正解决亚德里亚海和爱琴海之间的运输问题，建成后没多久，就由于河道过窄不能适应现代航运中的大型船只通过，基本丧失了其建造时的运输意义，被戏称为全世界"最没用"的运河。不过尽管"没用"，在运河两侧的峻峭崖壁间穿行而过却是一种独特的体验。现在，科林斯运河变成一个热门的旅行目的地，每年约有11000艘游船通行，是游客及探险爱好者、极限体育迷所钟爱的地方（图5-1）。

无锡运河水系的历史可以追溯到商周，比科林斯运河的策划早了近千年。与科林斯运河的策划者们不同，泰伯在奔吴之后就计划并启动了伯渎运河的开凿，他带领无锡先民克服当时生产力水平较低、开挖运河困难等问题，实施了这一工程，发挥其在泄洪、灌溉、运输等方面的作用，开启了吴地历史的新纪元。泰伯为民生大计说干就干、百折不挠的精神，让

运河滋润了这片曾经的荒蛮之地，推动了无锡的发展。此后，在一代代无锡人的保护和传承下，伯渎河哺育了无锡3000余年，迄今仍然是大运河的重要支流之一，始终是一条"在用""有用"的运河。

英国曼彻斯特运河是由曼彻斯特市通向爱尔兰海的一条人工通海运河，全长58千米，于1885年8月5日开工建设，1894年1月1日正式投入使用。作为英国工业革命的历史名城，曼彻斯特沉淀了历史悠久、特色鲜明的工业文明。与此相对应，曼彻斯特运河是一条历史气息浓郁、极具工业特色的运河，沿线众多红砖建筑构成的工厂遗迹，是工业革命以来近代城市发展历程的见证。

现在，曼彻斯特运河已从工业时代"黄金水道"向"文旅长廊"演变，其交通运输作用更多地被文化、旅游功能所替代。当地政府建立以文旅产业为主导的发展模式，全面保护、维护和利用工业遗产，并与当地社区的利益之间达到了平衡。曼彻斯特根据工业遗存建筑的特点进行整修，探索其内部空间的创造性再利用，植入办公、酒店、娱乐、住宅等功能。为改善运河环境，曼彻斯特十分注重新建建筑和运河景观的整体协调性，确保新建建筑和景观与该地区传统的工业遗产和谐统一、相互呼

图5-1　在希腊科林斯运河里开展探险和时尚体育运动

下编 大运河保护传承利用的先行者　第五章 大运河传承利用的无锡贡献

图5-2　繁忙的无锡运河黄金水道

应,同时也不失现代特色,使运河观光游成为到曼彻斯特旅游的必选项目之一。曼彻斯特运河利用的理念、做法,为无锡活化利用运河文化遗产、做好文商旅融合文章等方面提供了学习借鉴。

如今,大运河无锡段依然发挥着"黄金水道"的作用(图5-2)。当年的旧仓库、旧建筑得到整体保留后,被改造成文创园区、主题博物馆等,实现了创意产业发展与工业历史建筑保护、文化旅游、城市更新的有机融合,使无锡这座运河名城的"城市记忆"得以更好地延续和传承(图5-3)。

基尔运河,又称北海—波罗的海运河,位于德国北部日德兰半岛,沟通波罗的海和北海,长98.6千米,于1887—1895年间开凿,河面宽111米,平均深度11.3米,有船闸6座,可容吃水9米、宽40米的海轮通航,缩短了波罗的海通往大西洋的航程700多千米,每年通过船只约65000艘,是世界上最繁忙的人工运河之一。基尔运河于1907年、1965年、2008年多次拓宽改造,随着航道不断拓宽,成为可通行7.4万吨巨轮的国际化运河,为当地乃至整个

图5-3 利用振新纱厂、申新三厂工业遗产建设的西水东公共文化生活配套设施，方便百姓生活，提升城市形象

国家带来了巨大的经济效益。如今，这条运河每10千米左右就设有专用交会区，建有缆桩，供过往船舶临时系靠，方便船舶交会。运河两岸每隔200多米距离就设有一对夜间照明灯，使运河每天的通行时间维持在20小时左右。为保证船岸之间信息畅通，运河两岸设有信号灯、船闸指示灯等电子助航设施，保障船舶安全通航。

与德国对基尔运河持续不断的改造相似，无锡历史上从未中断过对运河的改造升级，特别是新中国成立以后，多次大规模地拓宽、改造、整修、新建运河，采用先进技术确保运河航运通畅，从而持续推动地方经济发展。今后，还可以吸收基尔运河改造中的先进理念和经验，积极引入相关的通信技术和管理经验，让大运河无锡段更加智慧化、国际化。

圣安东尼奥河位于美国德克萨斯州南部的圣安东尼奥市，是一条穿城而过的运河，被誉为"得克萨斯州皇冠上的明珠"。这条运河与流域内开拓者的生活紧密相关，其历史也贯穿于整个圣安东尼奥城的发展过程中。19世纪以来，圣安东尼奥河遇到了水位下降、淤泥堵塞等生态恶化问题。1921年发生了洪水决堤，导致50余人丧生，财产损失惨重。在灾害面前，当地政府意识到，必须积极改造运河，建好防洪设施。如今，圣安东尼奥河两侧已形成滨水商业设施与公园般环境融为一体的滨河步道，每年吸引全球数百万旅游者。圣安东尼奥河市区段经过200多年的不断建设，变成了一条风景秀丽的"地下河"，整个市中心街道"悬浮"于河岸之上,街角有风格现代的盘旋楼梯通至河边。圣安东尼奥河的改造带来了城市面貌的变化,带旺了人气,创造出滨水的繁华景象,为城市发展注入了新的活力,也使这座城市获得了"美国威尼斯"的称号。

2012年,同为有运河穿城而过的无锡市与圣安东尼奥市缔结为友好城市。2018年5月10日,圣安东尼奥河与无锡古运河缔结为"姐妹运河"。大运河无锡段与圣安东尼奥河确有相似之处,一直以来也十分重视发挥生活岸线功能,为公众留出活动空间,构建滨水风光带及慢行系统。特别是近年来,无锡积极吸收国内外运河利用的经验,通过保护性修复,在完整恢复和呈现"江南水弄堂"原生态景观风貌的同时,建设了一条11.8千米的古运河步道,开通水上巴士,还结合绿道和滨河休闲场地,对原有老埠头、旧码头进行改造和利用,形成具有场地记忆的水上巴士站和水陆交通接驳点。水上游和运河休闲游成为越来越多的市民、游客亲近古运河、了解古运河的重要途径,拉近了运河与人们之间的距离。

美国运河名城布法罗(水牛城)在19世纪初只是一个边陲小镇,令人意外的是,一名工地小测绘员埃里考特业余所做的城市规划得到了当地政府和民众的认可,依据该规划,城镇开始向伊利湖边建设发展。随着伊利运河的开通,这里成为运河的西部终点。1870年以后,布法罗建成铁路运输中心,传统制造、谷物储藏等工商业也迅速发展,城市很快繁荣起来。布法罗依靠运河水运与铁路运输交汇于此而迅速崛起,与无锡在19世纪末20世纪初的发展经历十分相似。进入20世纪后,布法罗赢得了"全美规划最好的城市"美誉,2021年位列全球城市500强榜单第198名。同样作为运河城市,布法罗坚持规划引领、取得成功的良好先例,值得学习和借鉴。

世界运河及运河城市各有千秋、各具特色。它们在发展利用、文化传承等方面的好做法,为大运河无锡段整治、改造、发展提供了重要借鉴,也为保护、传承、利用提供了有益参考。与世界运河相比,大运河无锡段是一条时空跨度更大、内容更为丰富的文化遗产,几乎涵盖了运河的各类功能。穿行其间,你可以看到北段和南段沿岸的农耕文化,运河仍然发挥着农业灌溉功能;可以看到城区段居民枕河而居,商业、工业及遗产星罗棋布(图5-4、图5-5);也可以看到新运河上货船来往不绝,依然是京杭运河上的主航道;还可以看到点缀其间的一个个物流港区,商贸往来络绎不绝……这就是大运河无锡段,一条流淌的、活

保护 传承 利用 | **中国大运河**　依河而生　因河而兴　工商文化历久弥新　运河精神生生不息

图5-4　利用原庆丰纺织厂工业遗产建设的庆丰文化商业中心

图5-5　利用丽新纺织印染厂工业遗产建设的梁溪区党校

着的、点线面结合的线性文化遗产。从全球范围来看，像大运河无锡段这样，全民保护传统如此持久、运河文化和形态传承如此完整、综合利用时间如此之长而不断，非常罕见，无锡有条件成为世界著名的运河城市之一。

第二节　保护中传承运河文化，传承中保护利用运河

运河是古老的，又是现代的，蕴含着历久弥新的文化内涵与精神特质，凝聚着劳动人民的聪明智慧和心血汗水，是中华民族不负大自然厚爱而创造的艺术杰作和人间奇迹。只有多层次、全方位、不间断地深化对大运河文化内涵的认知，深刻解读大运河文化的含义，凝聚发展共识，才能在传承文化过程中做好利用大运河这篇大文章。

一个地区文明、文化的形成与传播，多半与江河有关，水是文明的孕育地，也是文化的传播者。运河的"运"字本意为运输，"半天下之财，悉经水路而进"。在古代，河运具有运量大、时间快的特点，运河就是水中的"高铁""高速公路"，当水流贯通、河网沟通、航运畅通时，运河之"运"已经不再是一个单纯的字面概念，而是代表着一个区域经贸的运转、社会的运行、地方的运势。

经历了辉煌灿烂的吴文化洗礼、古代大运河漕运的发展和近代民族工商业的崛起，无锡古运河沿线留下了丰富的历史遗存，见证了吴文化、运河文化和工商文化这三大文化的形

成和发展。无锡运河周边地区集中体现了无锡的空间形态和文化特征，也凝结了先人适应自然、改造自然、与自然和谐共处的智慧，积淀了丰厚的历史文化遗产。沿古运河无锡段两岸有着密集的文物遗址，特别是留下众多工业遗产，是国内工业遗产最密集的一段。

运河文化如同运河一样，源远流长。运河养育着无锡人，运河文化熏陶着无锡人，运河是无锡人的精神家园，积淀了无锡独有的民情民俗，既有锡剧、吴歌、江南丝竹、道教音乐等传统文艺，也有惠山泥人、纸马、锡绣、留青竹刻等民间工艺，还有河灯、庙会节场、提灯会等民间民俗，并产生了一批典型的江南传统历史街坊，如三里桥旁的接官亭弄、人民桥堍的日晖巷、南长桥下的淘沙巷等。评弹、昆曲等戏剧艺术在无锡书码头、戏码头发扬光大，中国第一部片上发声电影《歌场春色》就在无锡运河畔的中南大戏院，与上海新光戏院同步首映。2006年，惠山泥人被列为我国首批国家级非物质文化遗产项目。2008年，吴歌、锡剧、锡绣、竹刻、道教音乐入围第二批国家级非物质文化遗产名录。

以清名桥历史街区为例，这里的非物质文化遗产种类丰富多样，具有鲜明的运河文化特征。街区内的南水仙庙，现为无锡道教音乐馆所在地，传承弘扬无锡道教音乐这一国家级非物质文化遗产。中国丝业博物馆重现了"一丝一缕、编织华彩"的实景，无锡窑群遗址博物馆再现了"窑有百座、窑工近万"的盛况，展示了传统的丝织工艺和制砖工艺。历史建筑和平书场是表演评弹、锡剧等传统艺术场所，真实记录并再现"舟泊梁溪莫拍曲，船过无锡莫唱歌"的书码头辉煌（图5-6）。评弹的历史可以追溯到400多年前，它发源于苏州，成熟于上海，兴旺在无锡，因此无锡也有着"江南第一书码头"之称。位于无锡市古运河畔淘沙巷的"中国戏码头"，继承了运河戏码头文化，提供集戏街、戏餐、戏茶、戏剧为一体的沉浸式体验。书码头和戏码头，已成为无锡古运河畔的活态文化遗产。

图5-6 和平书场是古运河沿岸现存最古老的书场，真实记录了百年无锡书码头的辉煌

保护 传承 利用 | 中国大运河　依河而生　因河而兴　工商文化历久弥新　运河精神生生不息

重视研究和传承运河文化,早在20世纪60年代就成立了"古运河研究委员会",并先后成立诸多运河研究机构。1994年4月11日,成立吴文化研究会;2004年8月3日,成立无锡市祠堂文化研究会;2004年12月31日,成立无锡市古运河研究会;2019年9月11日,成立大运河文化带建设研究院无锡分院,同年10月,江南文化文脉论坛永久举办地落户无锡,同年11月27日,运河文化教育联盟在无锡组建。

坚持在挖掘保护中寻根溯源,在传承弘扬中讲好运河故事,让古老的文化瑰宝活在当下、服务当代。位于无锡运河沿线的东林书院(图5-7),推出的"书院生活"项目,改变了以往走马观花式的观光游览,孩子们身着汉服,在老师带领下一同诵读国学经典、抄写古书段落,感受"风声雨声读书声,声声入耳;家事国事天下事,事事关心"的学习氛围,沉浸式体验传统文化的独特魅力,感受中华文化的熏陶。

通过推进地方文脉的整理和研究、开展文化活动和文艺创作、打造一系列经典作品和精品项目,让千年运河文脉绵延传承。无锡先后涌现了历史文化散文集《大运河传》《又见江南》《运河四季》古运河实景演出、原创大型舞剧《千年运河》等兼具传统与创新的作品。

无锡还结合地方实际、借鉴国内外的先进保护理念,在国内率先制定了《无锡市工业遗产普查及认定办法》《无锡市乡土建筑普查及认定办法》,将大运河无锡段沿线的各类文化遗产及时纳入保护名录并分批予以公布。

大运河文化不仅具有积淀深厚的历史价值,而且在当前我国现代化建设中,蕴藏着巨大的经济和社会价值。无锡在开展运河文化传承的同时,十分注重做好利用文章。无锡先后修建了一批文化平台和载体,建成运河文化艺术馆,梳理三千年大运河文明史中的重大历史事件,以大量写实风格的油画为主要艺术表现形式,展现中国大运河的文明史;利用江苏省文保单位永泰丝厂建成中国丝业博物馆;整修"丝业大王"薛南溟旧居和"电气大王"祝大椿故居,展示了民族工商业的发展历史;同时修复建成无锡窑群遗址博物馆,全方位、立体化呈现明清时期民窑手工业的历史;此外,还以南长街、南下塘修缮的民居为载体,打造休闲旅游特色街,再现江南水弄堂的民俗民情。

无锡积极开展运河文化艺术节、大运河文化高层论坛、江南古运河风情夜游节、中国古运河诗歌节、大运河民谣诗歌节等大型运河主题文化活动,使运河文化进一步焕发出新的

下编 大运河保护传承利用的先行者 | 第五章 大运河传承利用的无锡贡献

图5-7 东林书院组织的沉浸式体验"书院生活"活动项目

图5-8　利用西漳蚕种场旧址建设西漳公园及蚕桑展览馆

生机。同时，还采取政府扶持、民间运作的方式，以遗址公园（图5-8）、文化场馆、图书馆等为载体，每年举办数百场各类主题文化活动，不断为民众增添新的大运河文化记忆。

2015年，无锡成立古运河文化创意中心，促进古运河文化、旅游、创意产业项目发展。现已形成南长街休闲一条街、南门头上美食街、南下塘老字号特色街、N1955南下塘文化创意园等一批新兴产业园区街区。同时，蓉运壹号、北仓门等运河沿线其他文创产业园区正逐步通过设计、生产、销售、展示等产业环节的重构，形成了文创产业集群，研发凸显古运河艺术元素的系列文创产品。2019年，无锡实施大运河沿线博物馆展示陈列提升工程，创新

图5-9 利用运河公园内九丰面粉厂旧址建设无锡书画博物馆

"互联网+大运河遗产"的展示模式,打造以中国民族工商业博物馆、周怀民藏画馆、无锡丝业博物馆等一批运河沿线博物馆为基础的大运河综合博物馆群(图5-9)。

2019年,无锡惠山古镇、无锡环城古运河(含中国民族工商业博物馆、黄埠墩)、无锡清名桥历史文化街区入选了"江苏最美运河地标"。2021年8月发布的江苏"运河百景"标志性运河文旅产品中,无锡有清名桥古运河历史街区(含窑群遗址)、古运河游线、南禅寺景区、东林书院、今夜"梁"宵运河夜市、无锡惠山古镇运河休闲早茶等12景入选,是大运河江苏段八个地级市中入选项目数量最多的城市(图5-10)。

图5-10 惠山古镇运河休闲早茶

第三节 1980年开启的无锡"古运河之旅"让世界更好地了解中国大运河

无锡是著名的风景胜地、旅游名城，自然条件优越、文旅资源丰富。相传早在春秋时代，范蠡西施就曾泛舟五湖，继而沿吴国大运河北去陶丘，吴王也在北伐途中泊船运河饱览风光。南北朝到唐代，湛挺、皮日休、陆龟蒙等文人沿大运河无锡段吟游唱和，开展文人交往，在惠山、芙蓉湖、太湖等处留下了许多动人诗句。明清时期，朝鲜人崔溥、日本人策彦周良、英国人葛骆等国际友人先后沿大运河游览无锡。当时，北门外泊船码头因经常停满载客的游船、画舫而被称为"游山船浜"（旧时地名）。民国年间，许多锡邑实业家自备游艇，以运河"水上游"招待贵宾、客商，1924年无锡成立的锡湖轮船公司，是江南最早的游船公司。

千年运河流经无锡，穿城而过，环城而行，记录了这里源远流长的历史，两岸充满了人间烟火气。改革开放后，无锡充分利用运河资源禀赋，率先开启了"古运河之旅"。

1978年，无锡江南航运公司首开水上游线。1980年，无锡国际旅游部门开辟了古运河游览线，在黄埠墩到清名桥段试航，很受外国游客的欢迎。1981年，无锡正式将"古运河之旅"定位为旅游项目，在国际旅游市场率先打出"欲游中国古运河，请到无锡来"的旅游口号，面向多国推介中国运河游（图5-11），成为当时最响亮的宣传语，也让无锡运河旅游声

图5-11 1981年，"欲游中国古运河，请到无锡来"的旅游口号吸引了大量游客来无锡

名鹊起,刚推出的18个月内就接待了欧美和日本游客5万多人次。1985年,上海科学教育电影制片厂摄制的纪录片《船游中国古运河》就大量记录了当时的无锡运河之旅。20世纪80年代中期以后,无锡古运河之旅在东亚地区乃至全世界都风靡一时,大大提升了中国大运河以及无锡在世界上的知名度,形成了国际运河游的高峰。据专业人士介绍,大运河申遗成功,其中有一个原因,就是许多国际评选专家曾于20世纪80年代来无锡游览过运河,对中国大运河留下了美好印象(图5-12)。

1986年5月,中央电视台播出《话说运河》,内有清名桥、网船人家和水老鸦捉鱼等无锡运河画面。无锡抓住这一时机,迅速摄制了《无锡古运河》《无锡旅游花样多》等多部专题片,先后在《人民日报(海外版)》《中国旅游报》《经济日报》《光明日报》等重要媒体刊登各类文章,介绍无锡的人文、地理、历史沿革等,宣传无锡大运河。

为进一步在国际上宣传无锡古运河旅游品牌,1986年9月,无锡邀请日本著名音乐制作人山田广作、作曲家中山大三郎和青年歌唱家尾形大作来无锡访问采风,期间,他们被无锡古运河的迷人风光所陶醉,创作了《无锡旅情》《清名桥》两首歌曲,并在无锡人民大会

图5-12　20世纪80年代的古运河之旅,让外国游客更好地了解中国大运河

堂举行了首唱发布会。此后,《无锡旅情》登上了有"日本春晚"之称的NHK红白歌会赛场,获得第一名,就此风靡日本,在全日本共发行130多万张唱片。当年日本的KTV中,《无锡旅情》的点唱率一度名列三甲。许多日本人就是听了这首歌后,选择到中国旅行及投资的。1985年,无锡举办首届"太湖之春"艺术节,3天共接待海内外游客20多万人次。1988年,仅无锡国旅就接待了6万多国际旅游者游览古运河,德国一家旅行社曾10次组团来锡游览古运河。

保护 传承 利用 **中国大运河** 依河而生 因河而兴 工商文化历久弥新 运河精神生生不息

图5-13　20世纪80—90年代大运河沿河百姓日常生活场景

"船在水中行，人在画中走"。无锡古运河游，最精华一段是从吴桥至清名桥的6.6千米。在当时最经典的古运河一日游中，游客首先从新运河少年宫码头上船，北上吴桥，登临人文古迹黄埠墩，游览三里桥到莲蓉桥之间的无锡布、米、丝、钱四大码头所在地——两巷（江阴巷、竹场巷）、四弄（布巷弄、芭斗弄、小猪弄、坛头弄）、四沿河（麻饼沿河、桃枣沿河、芋头沿河、茅蓬沿河），欣赏这里100多米宽河面上檣帆林立、蔚为壮观的景象。之后，游客再登上游船在江尖渚西侧南行后，穿过西门桥，到西水墩向东，经护城河到南长桥后右转，参观南门"水弄堂"，只见两岸水乡民居、粉墙黛瓦、前店后坊、枕河人家，老人在河边藤椅里看报品茗，孩子们在弄堂口跳橡皮筋，家庭主妇在河边码头上方的厨房里煮饭烧菜，屋外一方方露天阳台上晾晒的五颜六色的衣服在空中随风飘动，构成了一幅鲜活的江南水乡风情画（图5-13）。轮船在大公桥靠岸后，游客可以进丝织厂看缫丝、养蚕，购买中国丝绸，到清名桥后可以再次登岸上桥、下坡，随意出入两岸百姓家中，体验中国老百姓的日常生活，或在大窑路观看古窑（图5-14）。由清名桥返程后，游船从黄泥桥走羊腰湾，穿高墩桥、工运桥、莲蓉桥，欣赏无锡运河东段风光，最后回到少年宫码头。每年6—10月还有古运河夜游。

无锡古运河旅游被外国游客称为"神奇的旅行"。1988年11月，无锡举办中国无锡国际旅游电影节，20多个国家的代表团来无锡参会。代表们浏览古运河过程中，14条游船在清名桥下形成浩浩荡荡的壮观场景，桥上和两岸众多市民与船上外宾靳羽西、赵浩生等人互相招手致意，留下了水上游客与陆上市民友好互动的经典一幕。1992年，来自日本冲绳的"中国大陆三千千米行"友好代表旅游团，游览古运河后，对无锡赞不绝口。

随着运河游的发展，无锡还形成了数条跨省、市的水路航线，乘船沿大运河可到达苏州、杭州、扬州等城市。其中最繁忙的是1980

下编 大运河保护传承利用的先行者 | 第五章 大运河传承利用的无锡贡献

图5-14 中外游客参观清名桥历史文化街区

保护 传承 利用 **中国大运河** 依河而生 因河而兴 工商文化历久弥新 运河精神生生不息

图5-15 20世纪80年代无锡至杭州的游船停靠在大运河码头

年开通的无锡至杭州线路（图5-15）。当时，每天下午5:30有2班客轮从工运桥码头始发，沿古运河经苏州行驶197千米，于次日午间到达杭州武林门码头。从1982年开始，无锡又开辟了从运河出发横渡太湖经湖州再到运河进入杭州的线路，航程缩短至166.3千米。下午5:30游船从无锡运河码头起航，夜间进入浙江境内，次日早晨6点多就能抵达目的地杭州武林门码头，真正做到了"夕发朝至"。游客枕着大运河水晃晃悠悠一晚上，便到了另一个烟雨朦胧的水乡，成为许多人流连忘返的运河游线。

在那个旅游产品还比较匮乏的时代，无锡大胆创新，开创的特色运河旅行算得上时尚新鲜，可以"暮观太湖夕阳、运河风光，朝赏西湖日出"，运河两岸以及太湖烟波浩渺的美景，给游客留下了深刻而甜蜜的记忆。1985年，江南航运公司湖滨路客运服务站启用，锡杭水路交通也进入了十年鼎盛期。客运高峰时有二泉号、西神号、东林号等6艘客轮船同时跑杭州线路，游船配置齐全，配备了卡拉OK、棋牌室，在船上可以唱歌、看录像、打牌、下棋等。很多当年的新婚夫妇，都把乘坐这趟游船当成自己的蜜月之旅，往往一票难求，年旅客达13万~15万人次。

20世纪80年代是无锡运河游最繁忙的时候。改革开放初期的中国，对许多外国游客来说还有很大的神秘性。外国人来中国旅游观光，主要还是以游览中国名胜、了解人民日常生活、体验民俗风情等为主。而无锡推出的古运河旅游恰逢其时，一方面游客可以乘游船游览古运河，欣赏富有江南特色的山水风光、景观名胜；另一方面又可通过运河游了解无锡百姓的生活，游船与两岸江南民居、民情风俗相互映衬，呈现了江南水乡、运河人家的日常生活场景。这条游线使古老的运河"活"了起来，把"纯正"的无锡展现在世人面前，成为享誉海内外的精品旅游线路，使无锡运河走向了世界。到20世纪80年代末，累计接待海外游客达80余万人次。1992年是中国观光旅游年，无锡"江南水乡游"被列入中国14条黄金旅游线之一，当年正月十五，中央电视台在无锡古运河灯会现场拍摄元宵灯会。

2009年，清名桥古运河"水上游"项目再次启动，随后2010年环城运河游也恢复运行。2017年，"水上游"推出了"江南运河线"。2019年，古运河景区首条特色赏樱专线推出，"仙蠡号"游船从运河公园码头启航，途经大运河、梁溪河、太湖，最后抵达鼋头渚，一路"穿越"无锡诸多历史人文景观，既缓解交通压力，又形成颇具特色的运河太湖水上游。

2020年，古运河环城水上巴士开通，集日常通勤与游览于一体，拓展了江南水乡的慢行体验。

第四节 2006年4月通过的《无锡建议》拉开了中国工业遗产保护序幕

在世界文化遗产中，"工业遗产"是一个年轻的族群。它通常指在工业化发展过程中留存的物质文化遗产和非物质文化遗产的总和。广义的工业物质文化遗产包括工业革命前的手工业、加工业、采矿业等年代相对久远的遗址，也有人认为还包括一些史前时期的成规模的石器遗址以及大型水利工程、矿冶遗址等；狭义的工业物质文化遗产则指，18世纪从英国开始的以采用钢铁等新材料、煤炭和石油等新能源、以机器生产为主要特点的工业革命后的工业遗存，包括遗址地、结构、建筑物、地区和景观以及相关的机械、物品或文档。它们是过去的或持续不断的工业生产过程、原材料提炼、商品转化、相关能量和运输设施的证据。近年来，工艺流程、生产技能和与其相关的文化表现形式，以及存在于人们记忆、口传和习惯中的工业非物质文化遗产，包括工业景观，都被纳入了广义的工业遗产范畴。

世界工业遗产保护起源于英国，英国是工业革命的摇篮。"二战"后，随着生产力革新，英国很多旧工厂倒闭，甚至被推倒重建。

这一现象引起了学者的关注,提出了"工业考古学"概念。这一学说很快得到英国专业考古机构的认可,他们认为应该对工业革命时期的遗迹和遗物加以记录和保存。1973年,第一届保护工业遗迹国际大会在"工业出生地"——英国什罗普郡召开。

进入21世纪,国际社会对工业遗产保护进一步达成了共识。2003年7月,国际工业遗产保护委员会大会在俄罗斯举行,通过了国际工业遗产保护领域纲领性文件《下塔吉尔宪章》,确定了工业遗产的定义,并指出工业遗产的重要性,为工业遗产立法、保护、维修以及宣传提出指导性意见。2011年,《都柏林准则》更加细化了工业遗产的内容,使得工业遗产不仅包含静止的工业遗址,还涵盖动态的工业生产过程等方面。

作为人类生活的一部分,工业遗产不仅是文化遗产,也是记忆遗产、档案遗产,是人类文明和历史发展的见证,其所具有的历史文化价值、知识价值、科学技术价值、经济价值和艺术价值已经在世界范围内受到普遍重视。

在中国工业遗产保护发展进程中,无锡具有特殊的地位。这里不仅是近代中国民族工商业的重要发祥地和现代乡镇企业主要诞生地,也是中国工业遗产保护的发轫地。2006年4月18日是国际古迹遗址日,国际古迹遗址理事会(ICOMOS)将这一天的主题定为"工业遗产"。当天,国家文物局和无锡市政府在无锡运河畔的北仓门生活艺术中心,举办了"中国工业遗产保护论坛",通过了中国首部工业遗产保护的纲领性文件《无锡建议——注重经济高速发展时期的工业遗产保护》(以下简称《无锡建议》)。《无锡建议》的颁布,标志着中国工业遗产保护迈出了实质性的步伐(图5-16)。

《无锡建议》明确了工业遗产保护与经济、文化建设可持续发展的密切关系,以及工业遗产的范围界定、面临威胁、实现保护的途径,提出了"尽快开展工业遗产的普查和评估工作;将重要的工业遗产及时公布为各级文物保护单位,或登记公布为不可移动文物;编制工业遗产保护专项规划,并纳入城市总体规划;区别对待、合理利用工业废弃设施的历史价值"等具体措施,成为了指导工业遗产保护工作开展的行业共识性文件。与会专家认为,要对工业遗产给予足够的重视,像对待历史文物那样对待工业遗产,保护好不同发展阶段有价值的工业遗存,给后人留下中国工业发展尤其是近现代工业化时代的风貌。

论坛期间还举办了"无锡工业遗产保护

下编 大运河保护传承利用的先行者 | 第五章 大运河传承利用的无锡贡献

图5-16 2006年4月,中国首届工业遗产保护论坛在无锡北仓门生活艺术中心举办,论坛上通过的《无锡建议》标志着中国工业遗产保护利用开始纳入文物保护的整体范畴

展"。与会领导、专家和代表在三天的会期里,真切地感受到了无锡为"珍惜百年工业遗产,铸造工商名城之魂"所进行的探索和实践。时任国家文物局局长单霁翔,在参观始建于1906年的振新纱厂厂房时说:"一百年之后,我们还能在这里参观,是这些遗存的幸运。"时任国家文物局副局长、中国古迹遗址保护协会主席张柏,高度评价了《无锡建议》,认为这是中国单独把工业遗产提出来保护的开端:"《无锡建议》作为一个信号,标志着中国政府开始关注工业遗产的命运,对工业遗产的保护和利用开始纳入文物保护的整体

图5-17 2006年4月，时任中国古迹遗址保护协会主席的张柏高度评价《无锡建议》

图5-18 2006年4月，单霁翔在无锡北仓门举办的中国工业遗产保护论坛上作主旨讲话

范畴，之后将在全国范围展开工业遗产的调查、评估、定级、规划。"（图5-17）

之所以把这次会议安排在无锡运河北仓门，其实也有深意。这里是20世纪30—40年代无锡一处缫丝仓库旧址，为无锡代表性工业遗存，也是无锡保护和利用工业遗产的成功范例之一。单霁翔在无锡北仓门（图5-18）说："开了这么多的会议，今天的会场是最好的会场，置身于这个让人遐想的工业旧址，与论坛的主题无比和谐，提醒我们关注文化遗产这个深刻的命题"。与北仓门类似，无锡的工业遗产大多集中在大运河附近，体现出数量多、门类齐、集中分布等特点，其物质层面的价值主要表现在厂房、仓库、机器等方面，非物质层面的价值主要反映在技术、管理、企业文化等方面，是运河沿线工业发展情况的代表，是人们认识中国工业、认识大运河、认识无锡的重要载体，具有重要的历史、科学、文化、经济、教育等方面的价值。

无锡工业遗产的保护与开发利用也一直在全国处于领先位置。20世纪末，无锡就开始采取措施对工业遗产进行保护利用，确定了"护其貌、显其颜、铸其魂、扬其韵"的保护方针，开展了多轮普查，专门编写《无锡工业遗产图录》，编制《无锡工业遗产保护专项规划》，确定一些重要遗产的保护范围与建设控制地带，修编详细的再利用规划，将工业遗产的保护、规划和利用等纳入了法治轨道，形成五大类开发保护模式：以茂新面粉厂旧址为代表的工业文化主题博物馆模式，以庆丰纱厂旧址为代表的综合性文化商业中心模式,以北仓门蚕丝仓库旧址为代表的文化创意产业园模式,以无锡县商会旧址为代表的原址保护模式,以鼎昌丝厂、振新纱厂、开源机器厂等旧址为代表的改造为公共文化、百姓生活配套、休闲场所模式,成为国内工业遗产保护的"无锡范本"。

来自大运河河畔的工业遗产《无锡建议》距离《下塔吉尔宪章》颁布不到3年时间,体现了无锡在经济高速发展时期,对工业遗产保护紧迫性的高度文化自觉。《无锡建议》颁布后,无锡更加注重保护和利用工业遗产,其中,近代民族工商业时期的工业遗存以及新中国成立后大中型企业创建时期的工业遗存,得到了重点保护。

2006年11月,无锡凭借悠久的历史文化底蕴、丰富的文化遗产品类、在文保工作上的突出成就以及先进的文保理念,令国家文物局将中国文化遗产保护论坛的永久性会址定在了无锡,定名为"中国文化遗产保护无锡论坛"。2007年5月,无锡市政府公布了《无锡市工业遗产普查及认定办法》,明确工业遗产范畴,率先将工业遗产纳入保护范畴。编制《工业遗产保护和利用规划》,作为城市控制性详规的重要组成部分,划定工业遗产保护范围和建设控制地带,实行前置性审批,明确在城乡规划、工业布局调整、农村三集中建设中,必须以不破坏工业历史文化遗存为前提。2007年6月,无锡市政府公布了第一批20项工业遗产的保护名录。2008年10月,无锡市政府公布第二批14项工业遗产的保护名录。2018年1月27日发布的中国工业遗产保护名录(第二批)名单(100个)中,无锡作为近现代民族工商业的摇篮,有2项工业遗产上榜,分别是永泰丝厂(中国丝业博物馆)和茂新面粉厂(中国民族工商业博物馆)。

在《无锡建议》颁布后不久,2006年5月,国家文物局印发《关于加强工业遗产保护的通知》,提出要加强工业遗产的普查、保护、管理和利用,在国家层面拉开了我国工业遗产保护的序幕。2020年6月9日,国家发展改革委、工业和信息化部、国务院国资委、国家文物局、国家开发银行联合印发了《推动老工业城市工业遗产保护利用实施方案》,明确了工业遗产的社会定位:是工业文明的见证,是工业文化的载体,是人类文化遗产的重要组成部分,不仅见证了我国近现代工业化不同寻常的发展历程,也蕴藏着丰富的历史文化价值。

第五节　运河文化精神是城市发展的内生动力

从"中国大运河第一锸"至今，无锡运河造就了无锡人的生活方式和行为逻辑，并由此形成了具有无锡特色的精神价值。在一代代人日常的生活、劳作、交往等层面得到了传承，逐渐使"物"化的运河与无锡的"人"在意识层面发生融合，形成了无锡独特的运河文化精神。作为国家历史文化名城，无锡有7000多年人类生活史、3000多年文字记载史和2200多年建城史。运河对无锡经济、社会、文化等方面发挥着重要作用。无锡人珍视和爱护运河、依河而建、傍河而生、沿河发展，运河文化精神也生生不息、代代相传。

千年运河历经沧桑，为什么有些运河城市没落了或者运河在这些城市里消失了，而无锡却始终与大运河共发展？究其原因，是无锡始终坚持保护传承利用大运河，秉承"变与不变"的运河精神，使运河在时代变迁中始终与无锡共生存、同发展。

变的是水系、水道、水情、水貌，不变的是尊重自然、利用自然、崇道尚德的科学精神。无论是泰伯在无锡掘下中国运河第一锸，吴国开凿吴古故水道、江南运河网、吴国大运河，还是当代保护古运河、开挖新运河、整治提升改造运河，都是无锡人坚持传承泰伯为民造福的至德精神、因势利导积极利用良好自然禀赋条件的结果。比如，无锡最初把芙蓉湖作为重要的运河水道，借助该湖的自然优势使伯渎河与长江相连，之后随着技术条件的进步、航运规模的扩大，自然湖泊水浅浪大的弊端便显现出来，无锡人又通过围垦芙蓉湖，在湖中开辟出专用河道，继而逐步将运河与太湖沟通，形成完整的运河水系，这正是一种从尊重自然到因地制宜利用自然的科学精神。

变的是治水方法、治水技术，不变的是锲而不舍、久久为功、积极进取的奋斗精神。大运河的开凿并非轻而易举，从一开始就伴随着各种困难、风险和挑战，始终交织着各种复杂的不确定因素。无锡人民从没有被当时的生产力水平所限制、从没有被复杂的自然环境条件所吓倒，从泰伯在梅里高地开凿伯渎河到构成江南运河水系的千年历史中，无锡人一代接着一代干，从没有停下开凿、疏浚、修缮、治理运河的脚步，从治无锡湖为陂、立无锡塘、凿语昭渎到打通犊山门，从泄芙蓉湖到建造一系列堰闸坝桥，从20世纪50年代末到80年代初持续20多年开挖新运河，再将新运河由六级航道提升到四级航道、三级航道的过程中，无锡人克服了种种困难，解决了各类难题，始终不畏艰难、慎终如始地走在开挖和治理保护中国大运河的前列。

变的是治理对策、组织方式，不变的是生生不息、开拓进取的创新精神。无锡是最早开凿运河、最早编织运河水系、最早建设的中国运河城市之一，还率先开展运河保护规划、创新实施"河长制"、首倡工业遗产保护，形成如今国内工业遗产分布最密集的一段运河走廊，等等，无锡始终顺应运河功能的变化，超前一步、先人一招地作出相应调整，创造性地提出了运河与城市和谐相处的新方式。特别是1983年无锡为积极顺应城市大建设大发展时代即将到来的新形势，前瞻性地全面统筹保护运河资源、促进大运河无锡段可持续发展，成为国内第一个编制古运河保护规划并通过地方人大立法的城市，第一个划定古运河保护区并出台管理规定的城市，成为保护传承利用大运河的先行者。

变的是城市能级、城市地位，不变的是善抓机遇、顺势而为的务实精神。无锡虽然水资源丰富，但始终与自然之水友好相处，构建并维护好运河水系，既师法自然、又融入自然，随着运河走向、功能等演变的新情况，通过苦干、实干，在远古时代的荆蛮部落基础上，先后建起了泰伯城、阖闾城、无锡城，成为吴国大运河的中心，由运河边的小小吴市到闻名全国的望县，由以产粮为主的农业区域到南北漕运要地，由产业单一、规模不大的"小无锡"到工业发达、商业兴旺的"小上海"，从运河小城到开启国际运河游，让世界更好地了解中国大运河。无锡在城市建设的过程中，实事求是地顺应、利用地方的自然条件开拓运河流域，大运河经历了从"傍城而过"到"穿城而过"到"环城而过"到既"绕老城而过"又"穿中心城而过"，实现了城市与大运河的相依相生（图5-19）。

变的是发展方式、文化底气，不变的是兼收并蓄、海纳百川的开放精神。无锡自古依运河而建、傍运河而居，生生不息的大运河，让无锡始终保持与先进地区经济文化的沟通交流，不断促进城市的兴旺和繁荣，也使得不同背景的文化在大运河无锡段升华，产生并形成了包括码头文化、工商文化、侠义文化、孝悌文化等多元城市文化，使得无锡在不断吸纳各地文明、各方所长的基础上，荟萃精华、吐故纳新，成为中国民族工商业发祥地、乡镇企业的发源地，始终引领时代潮流、推动社会进步，彰显出旺盛的生命力、引领力，成为中国大运河变迁的见证者。

保护 传承 利用 | **中国大运河** 依河而生 因河而兴 工商文化历久弥新 运河精神生生不息

图5-19 大运河在无锡从"傍城而过"到"穿城而过""绕城而过"到既"绕老城而过"又"穿中心城而过"

下编 大运河保护传承利用的先行者 | 第五章 大运河传承利用的无锡贡献

保护 传承 利用 | **中国大运河**
依河而生 因河而兴 工商文化历久弥新 运河精神生生不息

　　无锡因运河而生、因运河而兴、因运河而忧、因运河而荣、因运河而欢,运河文化精神在形成发展的进程中,为城市发展带来革新思想,为文化繁荣注入人文滋养。

　　在遥远的商代,当江南地区的古代居民依托自然河荡水域发展时,无锡人就已经开始沟通水系,充分利用水资源开发运河,借运河解除水患、灌溉农田、沟通各地、吸纳先进文化技术,成为吴文化发源地。

　　永嘉南渡之后,北方战火频仍,流寓江左者数以百万计,为江南带来了文化种子。《南史》中对此描述道:"自中原沸腾,五马南渡,缀文之士,无泛于时,降及梁朝,其流弥盛。"隋唐大运河开通后,中原地区的先进技术文化随运河源源不断地流入江南,经"安史之乱""靖康之乱",经济文化重心进一步南移,无锡逐渐成为衣冠文物之地。

　　明清时代,江南进士占全国近1/6,无锡在明清两朝各出了200多名进士,分别居江南各县第三、第六,崇文重教、诗礼继世的民间文风之盛可见一斑。明代无锡"一榜九进士""六科三解元""一里路上十进士",现代无锡顾氏"一门五博士",都被传为佳话。无锡秦邦宪故居有一副清代木对联,刻的是清代书法家王文治行书:"几百年人家无非积善,第一等好事只是读书",这副对联是无锡民族工商业家江尖邹氏的家训,邹家早在清代就经营多种行业,一直是无锡巨富。

　　无锡工商文化历久弥新,从"十九年中三致千金"的范蠡,到元代富甲一郡的江、虞、强、邵"四巨室",到明代"饶于资而具大经济"的安国、邹望、华麟祥"江南三豪富",再到"中国民族资本家的首户"荣氏家族,无锡商贾们在无锡大运河经商有法、致富有道。

　　"崇文"与"重商"这两大看似不一的观念在无锡和合共融。这片富饶文明之乡的人们不热衷于"义利之辨",也不拘泥于"重本抑末",而是务实包容、经世致用、知行合一。既关注精神和价值之"道",也强调具体治理之"术"。特别是明代以来,在新旧思想观念的转变中,无锡人显示出一种群体开放性和灵活性,"修身、齐家、治国平天下"的家国情怀和入世担当的务实精神,与"计然之术""积著之理""赢缩之度"等重实用、重实践的做法,在无锡并行不悖、互为促进。

　　明末,以顾宪成、高攀龙为代表的东林学派重视"商经济世""躬行立教",主张"恤穷人、体富民""曲体商人之意"。清末,无锡科学家徐寿、徐建寅父子及华蘅芳、华世芳兄弟坚持"究察物理,推考格致"的科学理念,无锡外交家薛福成提出"工商为先""创制公司""殖财养民,导民生财"等一系列强国富民主张,都体现出江南知识分子走出藩篱、脱离窠臼,积极提倡经世致用的务实思想。许多官宦子弟还主动投身实业,如薛福成之子薛南溟弃官回乡开办丝厂,杨藕芳在积累了发展实业的经验后,去官职到无锡开办第一家机器工厂。

经过无锡各界的身体力行,注重实学的理念在无锡逐步深入人心。明清时期,无锡出现了许多关于各种经济活动知识的实用性读物,刻印发行的《陶朱公致富奇书》《万宝全书》《沈氏农书》《耕心农话》《杵臼经》《布经》等书都广受欢迎。近代无锡地方教育也向新学、大众教育、普及教育发展。杨模、俞复、胡雨人、侯鸿鉴等教育改革的先行者,将经世致用思想积极付诸于教育实践,开办了各类新式学堂。钱穆先生曾说过:"无锡的实业家成功无一不致力于办学。"地方知识分子也积极参与平民教育,如清代无锡文人孙洙选编了《唐诗三百首》、裘廷梁创办了《无锡白话报》、孙毓修翻译了教科书《谦本图旅行记地理读本》。1911年,无锡兴办私立新式学堂120多所。1922年,江苏适龄儿童就学率约17%,无锡就学率超过45%。

与大多数商人在商言商的趋利特性不同,无锡实业家群体深深烙刻着经世致用的思想印记,并在此基础上衍生出尚德崇文、义利并举、开拓创新等理念,以克勤克俭、乐善好施、造福桑梓、报效家国为荣。他们重家风、遵道义、守操行,如国学大师钱穆曾亲见荣德生平时"皆节俭有如寒素";他们看重气节和名望,坚持回馈社会,"重名犹过于重利",乐于捐助公益,热心地方发展;他们勇于开拓、善于竞争、敢为人先,积极吸收先进经验和技术,大胆实施企业内部管理改革,"勇往直前,作世界之竞争"。

在经世致用思想和早期市场经济的影响下,无锡在诞生众多优秀实业家的同时,也涌现出一大批杰出经济学家。从1929年开始,在无锡人陈翰笙的带领下,薛暮桥、孙冶方、王寅生、张锡昌、钱俊瑞、姜君辰等无锡人分别在无锡、河北保定、广东岭南等地进行农村经济调查,随后又开展了关于中国社会性质的研究。除他们之外,还有以胡焕庸、潘序伦、周小川、吴树青、周三多等为代表的一大批无锡籍经济学家,在经济领域成绩斐然,无锡籍经济学家群体成为中国经济学史上一道独特的风景。

运河精神不仅促进了无锡的城市变革和经

济发展，也推动了无锡人思维方式的转变，明清以来无锡呈现出新的文明风貌。正是拥有了这样广泛而扎实的思想文化基础，海内外近现代先进的思想、理念、技术传入无锡后，迅速与运河文化精神融为一体。

江南运河沿岸城市林立，无锡自西汉至清代一直是个小县城，为什么在民国时期会取得飞跃发展？这和无锡"变与不变"的运河精神息息相关。无锡在历史发展过程中不仅没有抛弃运河这个老面孔，一味地去追求新事物，反而充分利用大运河作为原材料和产品运输、劳动力募集及水资源利用之河，将运河与新兴的铁路、道路等共同组成实业发展长廊，实现了民风的转变、工商业的勃兴、城市的发展。

运河文化精神在近代无锡的崛起过程中得到了集中的体现。清末民初，由于黄河改道、大运河部分断航、连续的战乱等因素，以及海运和铁路运输兴起，造成大运河沿线一些城市的衰落，而无锡则在此期间脱颖而出，反而由一个县城变成了江南运河沿线重要的工商城市，民国时期，无锡工商业在全国经济排名始终稳居前列。

1925年，史学家王桐龄先生考察无锡后，赞曰："县城临沪宁铁路，西南接运河，南通太湖，交通甚便，商业极为繁盛，为江苏南部之中心点""无锡饭店为当地第一大旅馆，在无锡县城北门外，运河畔，通运桥堍，北距车站不及半里。西滨运河，交通极便。房屋高大，床铺洁净，无臭虫、蚊子来骚扰。其三层楼甚高，屋顶可以远眺，饭店规则，禁止流娼往来，秩序较为整齐。"这些描述显示出当时无锡有较高的文明程度，以及城市奋发向上的精气神。

大运河为无锡的繁荣和发展提供了坚实基础；运河精神所蕴含的尊重规律、攻坚克难、开放包容、美美与共的文化理念，天人合一、和谐共生的思想智慧，已成为无锡城市基因和内生动力，使无锡始终能抓住社会变革的重要机遇，敢为人先、主动作为，实现跃升发展，走在时代的前列，充分彰显了这些根植于无锡人骨髓之中的运河文化精神对地方发展的重要作用。这种运河精神同时也回答了无锡为什么是近现代中国民族工商业的主要发祥地和乡镇企业发源地及为什么无锡城市能级不高，而经济总量不小，持续对国家经济贡献较大等大家对无锡普遍关心的问题。

第六章 永续利用大运河的无锡探索

与无锡城相伴相生的运河，串联起无锡这座宜居宜业、人杰地灵城市的最美底色，持续擦亮这一底色，只有持续大力发掘运河文化内涵、通过活化用好运河文化遗产、做好大运河发展文章，不断提升无锡的城市能级和软实力，才能为无锡发展建设注入源源不断的强大活力。

第一节 永续利用运河，展示城市形象，方便百姓生活

大运河无锡段是无锡水系的主干河流。自古以来，无锡人民在保护运河水系的同时，始终坚持科学利用，充分发挥其各类功能，让这条生态美丽、承载文明的运河哺育沿岸广袤的土地，使之在寄托乡愁的同时，也惠泽于广大市民，促进经济的发展，展现无锡美好形象。

运河水系连接长江和太湖，在调节长江和太湖水位方面发挥着重要作用，形成"以运河为经，左右诸水为纬"的水系，自古以来就是重要的交通要道。随着无锡地区经济社会的快速发展，运河与经济、与民生的联系愈益密切。内河航运在江苏综合运输中一直占据着半壁江山，2018年江苏省水路货运量和周转量分别占货运总量的35.5%和63.2%。作为长三角高等级航道网和江苏省干线航道网中的关键航段，大运河无锡段承担着繁忙的货运任务，为大宗建材、内河集装箱等货物提供了优质高效的运输通道，加强了无锡同其他地区的经济联系、商贸往来，为无锡经济发展提供强有力的物流支撑。

从20世纪50年代开始，无锡就对大运河进行了多次的疏浚、改造，通过运河整治、航道升级，确保了运河的安全畅通。2019年2月，大运河无锡段三级航道整治工程在苏南地区率先通过竣工验收。近年来，年船舶通过量达3亿吨，上千吨级船舶在这条黄金水道上畅行无阻，其船舶航行密度在全国领先，超过了莱茵河等国际知名航运水道。

水运的发展促成了沿运河经济带的形成，带动了外向型经济的发展，加深了融入长三角经济一体化的程度。大运河航道作为无锡交通枢纽的重要基础设施，其地位日益凸显。同时，水上运输具有成本低、绿色、低碳、环保等优势，对于实现碳达峰、碳中和具有积极意义。

大运河与无锡城南北轴呈135°夹角，使夏季本地的主导风东南风能够顺利从太湖方向进入锡城，减少城市"热岛效应"。无锡在城市规划建设中，尊重自然，讲究天人合一、道法自然，始终遵循运河在无锡基本走向这一自

保护 传承 利用 | **中国大运河** 依河而生 因河而兴 工商文化历久弥新 运河精神生生不息

图6-1　大运河与无锡城的南北轴呈135°夹角，无锡始终遵循运河在无锡基本走向这一自然法则，规划建设交通大动脉和城市主次干道，并相应建设绿色生态廊道

然法则，并行大运河而走，先后建设沪宁铁路、沪宁二级公路、沪宁城际、沪宁高铁等城市对外交通的大动脉及南长街、运河东路、运河西路、兴源路、长江路等城市主次干道，并沿路建设相应的绿色生态廊道，优化改善城市生态环境，既提升城市舒适度、降低城市能耗，又形成城市特色个性（图6-1）。

大运河无锡城区段沿线，有清名桥、惠山等历史文化街区以及粮仓、会馆、驿站、米市、名人故居等遗迹，还有河道、码头、船闸等运河水利设施工程。沿着千年古运河，以城中运河为轴，以城廓为界，双棋盘格局中的水、街、坊、桥、寺等，构成完整的古城空间格局，运河串联起城市文脉，凸显"龟背形""四门八区"古城的格局，可谓"一条运河，一城风景"（图6-2）。

下编　大运河保护传承利用的先行者　｜　第六章　永续利用大运河的无锡探索

图6-2　一条运河，一城风景

无锡是个河网密集城市，有河就有桥，桥的变化能较好地反映出运河的变化、时代的风貌。新中国成立后，为了配合大运河提升改造，无锡开展了大规模桥梁建设工程。数百座运河桥梁中，既有古桥，蕴含着悠久的历史和文化；又有新桥，体现出现代新的建筑艺术。

20世纪60—70年代，无锡桥梁设计师苏松源在拆除运河上妨碍通航的石拱桥时，受老桥内部构造启发，于1964年带领无锡县交通局桥梁工程队，仅用15天时间，花了600元人民币，就在无锡县东亭板桥浜上建成了世界上第一座双曲拱桥——东拱桥。双曲拱桥吸收了古代运河拱桥的优点，将承重受力部分结构在横向与纵向上都采用拱形曲线，施工快捷、造价低又结实耐用。1965年，苏松源设计建设的双曲拱桥——胡埭大桥，登上《上海科学画刊》封面，引起了全国的关注，同济大学校长李国豪、中国科学院院士华罗庚以及罗马尼亚、西班牙等22个国家的专家学者先后到现场考察。1973年，上海科学教育电影制片厂拍摄了《双曲拱桥》专题片。同年建成的横跨无锡运河的新虹桥，是一座钢混结构双曲拱桥，跨径达80米。1978年，为反映我国公路桥梁的建筑成果，中国邮政发行了一套《公路拱桥》特种邮票，其中一枚就选用了新虹桥（图6-3）。

改革开放以后，为了解决新运河两岸的交通问题，在黄埠墩到下甸桥港区11千米内，先后新建了蓉湖、锡山、梁溪、开源、红星、盛新、金匮、清宁、金城、新扬、华清、永旺等12座大桥。运河大型桥梁中值得一提的是锡山大桥，于1978年动工建设，1981年建成。锡山大桥最大的施工特点是在陆地上建造的。当时，无锡新运河正在开挖，为了造桥，特别留了一段没挖，既方便造桥，又方便非机动车、机动车、行人通行。锡山大桥桥梁长221.24米、六孔，设计荷载为汽车20吨、挂车100吨，建造时采用了当时最先进的结构技术，创造了无锡当时造桥史上多项纪录。

运河桥梁是市政管养的重点之一。2010年起，无锡就率先启用了基于物联网传感技术的桥梁健康监测系统，实时监控桥梁振动、倾斜、沉降等数据。比如，受台风影响或超重车辆经过，某项数据超出范围，系统就会自动报警。无锡还积极把运河桥梁建设纳入城市更新。为解决古运河东西地块支路网不足、沟通不畅等问题，2021年12月31日，建成了羊腰湾古运河慢行桥，大大缩短了运河东侧羊腰湾片区居民进入西侧老城区的距离。

桥拉近了生活的距离，也留下了岁月的记忆，述说着运河故事。南下塘和南长街之间的大公桥建成之前，两岸往来不是很通畅，一些居民往往要走到相隔很远的清名桥、跨塘桥或乘摆渡船过河。每到黄梅季节，因运河水流湍急常发生乘客落水的事故。为此，运河沿岸丝厂职工及两岸群众便自发集资造桥，这一善举得到了公益组织"千桥会"的大力支持。1930年4月，一座长33米、宽6米的混凝土桥梁竣工，这座桥命名为大公桥，寓意发扬大公无私

图6-3　1978年中国邮政发行无锡双曲拱桥特种邮票

图6-4 20世纪70—80年代古运河上的摆渡船,20世纪50年代的大公桥

精神(图6-4)。现以"不改变文物原状"为前提,在还原大公桥栏杆扶手、望柱、地面铺装的同时,在原来望柱的顶端增加了投影灯,可以将文字、画面投射到桥面,为这座运河老桥增添了新气息。

新中国成立后,无锡在运河沿线陆续建设了槐古新村、清扬新村、曹张新村等一批居民小区,其中沁园新村规划设计曾荣获国家金奖。如果说20世纪70—90年代的居民新村主要是为了解决居民住房,那么进入21世纪后,运河边建造的小区还在亲水性上下功夫,形成了人、河、房和谐共生的新景观。

火车站广场一直是无锡与大运河相伴相随的水陆门户。围绕打造"百年车站新名片"的目标,南广场片区正成为展现无锡运河城市形象的窗口及彰显无锡文化魅力与创意活力的城市客厅。

结合城市更新,推进运河沿岸绿化带建设。1981年,在新运河黄埠墩至锡山大桥段西岸植树25000多株,建成18～20米宽的运河游园,被无锡广大市民称为"小外滩",成为当时年轻人谈恋爱的首选之地(图6-5)。20世纪90年代建造运河东路时,同步配套建设亲水绿色休闲廊道。2018年,完成运河西路延伸工程,进一步做好绿化和美化。2020年,11.8千米的环城古运河慢行步道贯通。这条北起吴桥、南至跨塘桥、西起西水关、东至羊腰湾的步道,将人、城、水紧密相连。沿途的运河公园、江尖公园、西水墩公园、体育公园、南禅寺、业勤纱厂遗址、北仓门艺术中心、站前商贸区、清名桥历史街区等公园及重要的人文节点,沿线码头、桥梁被一一串联起来。

保护 传承 利用 **中国大运河** 依河而生 因河而兴 工商文化历久弥新 运河精神生生不息

图6-5 20世纪80年代在大运河黄埠墩至锡山大桥段西岸建设的运河游园,被无锡人称为"小外滩",是当时无锡年轻人谈恋爱的首选之地

下编 大运河保护传承利用的先行者 | 第六章 永续利用大运河的无锡探索

第二节　活态利用运河文化遗产

悠久的运河发展史给无锡留下了大量的文化遗产，其中既有历史文化街区，也有工商业遗存。无锡人围绕对这些遗产的活态利用，展开了一系列创新性的修复、改造和提升，使它们焕发出新的生机与活力。

2003年建成的江尖公园——无锡首座古运河中的公园

江尖公园位于古运河中江尖渚上，江尖渚原本是无锡古芙蓉湖中的一个渚岛，大运河在渚西北角分道、环城而过，对岸是著名的北塘码头。江尖渚曾是无锡米市的一部分，也是民国无锡粮食加工业的核心区域，这里运河风光旖旎、文化底蕴深厚，是无锡水运经济文化历史发展的缩影与见证，从农耕文明到工业文明，依稀都能在此找到一些痕迹。

江尖渚上四面环水，2002年前，虽然渚周边都用钢筋混凝土筑起了近1米高的防汛堤，但由于地势低洼，周边水情又发生变化，且地下渗水，每到汛季，家家户户室内室外仍都是水。市政府在推进旧城改造、城市更新过程中，本着生态优先、绿色发展、以人为本的原则，将江尖渚整体纳入古运河规划建设中，把渚上原有的400多户人家及企业全部迁出。

2002年年底启动江尖公园建设，2003年10月建成开放，是无锡古运河中第一座公园，占地3.92万平方米。公园中倒扣的小船、木橹、渔灯、酒缸点缀的"怀旧码头"，让人回忆起这里曾经是中国著名陶器、米市市场的辉煌历史。渚上民国初期的纸业公会（图6-6）作为无锡近代工商业发展的重要遗存，得到了保留和修复。该建筑呈中西合璧的风格，三间三进四合院式的转盘楼古朴雅致、很有特色，2013年被列为市级文保单位。

江尖公园按照"追忆过去，展示现代，憧憬未来"理念设计，整个公园分三部分：东片为历史片区，是一条以文物保护建筑和民居建筑组成的"江尖水街"；中部为现代片区，近2.3万平方米的生态绿地，为市民提供了舒适的休闲空间；西片为未来片区，引入河水形成一座"浮岛"，片区中央的圆形"灯塔广场"是市民集会和文艺活动的中心，灯塔和岛上形如船帆的白色张拉膜已成为大运河无锡北塘段的地标之一（图6-7）。

江尖公园充分利用原有的自然人文风貌，将文脉、水脉、绿脉三脉融为一体，环岛滨水健身步道、主园路樱花道与次园路风之道构成的文化游览线路，延伸到园内各景点，使每个

图6-6　江尖公园内近代工商业发展的重要遗存，无锡市级文物保护单位——纸业公会修复后被活化利用

点位都可观、可游、可留。为了解决过去江尖渚可达性差的问题，修建了永宁桥、环秀桥、永定桥3座步行桥连接周边道路，方便市民及游客出入（图6-8）。

2006年，在江尖公园附近建成了江尖水利枢纽工程，由一座3孔总净宽75米的节制闸和一座每秒60立方米流量的排涝泵站组成。其中，节制闸布置在主河道上，利于控制水位、行洪、通航；泵站布置在河道的凹岸，在进、出水口上方空间布置景观平台，与江尖公园及后来建成的运河公园融为一体，共同组成了北塘运河的新景观。

江尖公园的前身

图6-7　江尖公园的前世今生

2003年刚建成时的江尖公园

保护 传承 利用 | **中国大运河** 依河而生 因河而兴 工商文化历久弥新 运河精神生生不息

图6-8 江尖公园是大运河北塘段的地标之一,可观可游可留

2004年始建北仓门文创园区——开启了运河工业遗产修缮利用的新途径

1921年,中国蚕丝公司在无锡北仓门建造了当时江南规模最大的蚕丝仓库,由两栋大跨度的三层砖木结构建筑组成。它见证了无锡丝码头的繁荣和兴盛,镌刻着无锡这座运河工商城市的年轮与轨迹。百年后,昔日的仓储功能逐渐丧失,成为运河边荒废的老旧房屋。2004年,无锡按文保标准,对北仓门蚕丝仓库进行了整体维护和修缮,完整保留仓库原有结构和建筑风格。

2005年9月,海归郑皓明、郑皓华兄妹率先试水利用民营资本保护性修复改造和利用工业遗存,成立了北仓门生活艺术中心及文化创意产业园,通过设计研讨、学术交流、艺术家沙龙等形式,将文化艺术与创意产业相互黏结,形成艺术设计产、学、研基地,是国内民营资本"保护工业遗存,发展文创园区"的标杆之一。园区通过对北仓门蚕丝仓库的保护性修复,既保存了城市文脉,使老建筑焕发新机,形成了独具韵味的文化创意氛围,又营造了良好的公众参与氛围及社会保护意识,开启了运河工业遗产修缮利用的新途径,是无锡首家文化创意产业园和江苏首个文化创意留学人员创业园,也是国内最早的文化创意产业园区之一。

2006年4月,中国工业遗产保护论坛在北仓门生活艺术中心举办,通过了我国首部保护工业遗产的宪章性文件《无锡建议》,拉开中国工业遗产保护的大幕,北仓门这座工业遗产见证了中国工业遗产保护的历史性时刻。论坛举办前夕,国家历史文化名城专家委员会的两院院士周干峙、国家文物局古建筑专家组组长罗哲文、中国城市规划设计研究院顾问总工王景慧、原故宫博物院院长吕济民、同济大学教授阮仪三等专家学者(图6-9),考察了北仓门生活艺术中心。专家们被北仓门蚕丝仓库历史建筑"重生"的打造模式所吸引,认为可以在近现代建筑的保护与利用中予以借鉴和推广。

2006年5月,中国、意大利工业遗产保护与利用合作项目在北仓门生活艺术中心启动,来自佛罗伦萨大学的尤吉尼奥教授等12位研究人员,将北仓门作为无锡工业遗产保护的"样本"研究范例。艺术家舒波参观北仓门后说:"我喜欢这里,不光是因为这里诠释了现代艺术理念的环境设计,更有散发着岁月痕迹的宁静氛围。"

北仓门文创园区在创意产业发展与工业历史建筑保护、文化旅游等方面有机融合率先展开探索,搭建引进孵化、文创研发展示等服务平台,以北仓门文创设计生活周等文创品牌为

两院院士　　　国家文物局古建筑专家组　　中国城市规划设计研究院　　原故宫博物院院长　　同济大学教授
周干峙　　　　组长罗哲文　　　　　　　　顾问总工王景慧　　　　　　吕济民　　　　　　　阮仪三

图6-9　2006年4月，专家学者们考察北仓门生活艺术中心后，认为历史建筑"重生"的打造模式可以在近现代建筑的保护与利用中予以借鉴和推广

纽带，以"文化艺术""创意设计""互联网+"等为支撑，举办各类文创活动，走出了一条由民营资本保护发展工业遗产、运营文创产业园的新路，在运河文化创新性转化和发展方面做出了较多探索性实践。

工业遗产改造利用催生了无锡创意产业的发展，老仓库所积淀的无锡记忆激发了创意者的创作灵感，仓库开阔宽敞、可以随意分割的结构布局，受到了创意产业从业人员的青睐。经过十几年的发展，北仓门文创园区吸引了大批创意人士、新媒体从业人士、艺术家、社会组织等群体，入驻了40余家文创企业，文创从业人数400多人。这里一场场走秀、产品发布、展会展览、主题活动精彩纷呈，慕名而来的游客络绎不绝，由棉纺仓库改成的画室、摄影工作室、咖啡馆、时装店等闪耀着时尚炫目的光彩，与沧桑的建筑本身形成视觉的错位冲击，不仅是无锡保护工业遗产的代表作，也已成为无锡新的文化时尚地标、全国著名的文创产业园区。"北仓门"这个名称已经成了无锡文化创意业的代名词（图6-10）。

吸纳各方智慧、鼓励社会力量参与工业遗产保护利用的"北仓门模式"，得到了无锡社会各界的广泛认同。如今，大运河无锡段沿岸的文化创意园区不断涌现，以蓉运壹号、N1955南下塘文创园等为代表的创意产业园以及贺弄、天元坊为代表的文商旅街区实现了创意产业发展与遗产保护、文化旅游的有机融合，为运河利用与城市发展注入了新动能（图6-11）。

蓉运壹号文化创意园坐落于无锡运河西路266号，总建筑面积32000平方米。原址为清末民初的惠元面粉厂，1916年由荣氏兄弟采取先租后买方式收购，更名为茂新面粉二厂。1961年，原厂房由国营湖光仪器厂使用，留下了荣氏家族办公用房、面粉生产车间等历史遗址。自2013年起，通过对老厂房的修缮、保护，保留了20世纪30年代民国风格的建筑，使红砖拱窗和青灰色砖墙的老厂房成为充满创意与生机的蓉运壹号。

近年来，蓉运壹号把产业转型和城市更新作为发展着力点，围绕设计生活、创意办公、商业休闲，将"无锡文创产业发展高地，时尚文化形象的窗口，新人群新业态新模式运营的平台"作为定位，以文化提升生活品质，以创意体验丰富社区生活，打造成有高品质庭院式文化创意办公环境的以"设计·生活"为主题的文化创意产业园，聚集了一批爱文化、爱创作、爱生活的年轻人，是一个集时尚消费、休闲娱乐、设计办公等功能为一体的文化创意时尚社区。

N1955南下塘文化创意园位于清名桥历史街区的南下塘片区，西临大公桥与南下塘，占地面积26268平方米。创意园前身是南下塘第一家缫丝厂（振艺丝厂），在抗战时期被毁，后于1955年在原址创办了无锡通用机械厂（1956年更名为无锡压缩机厂），是无锡当时有名的军工厂，21世纪初，退城进园时搬离此地，但厂区内8栋苏联风格的厂房作为近代工业遗址得到了保护，成为了富有无锡工商名城特色的工业遗迹之一。2012年，在保留原有建筑风格的基础上，该厂址被改建为集历史展示、创意设计、商务办公、旅游休闲等于一体的N1955南下塘文化创意园。N1955文创园具有工业文明时代的韵味和历史文化积淀，园区常态化组织青年剧场、国学讲堂、民俗文化艺术节、原创服装发布会等活动，2019年，"第二届大运河民谣诗歌节"便在此举行。

位于南长街定胜桥旁的贺弄内有钱少卿旧居、务本堂等文物保护建筑以及纺织品印花厂等工业遗产。冯枫等民营企业家对贺弄地块精心策划并实施改造，既保留了文保建筑、工业遗产、老街老巷原来的肌理，又融合了现代文化元素，开展丰富的文化活动，策划设计贺弄的logo系统，开发与定胜桥、知足桥、金钩桥等相关的文创产品，建设定胜堂、知足书房、金勾茶叙等新型文化空间。老桥、老宅、老厂房经过活化利用，既传承了历史文脉、彰显了运河城市特色，又促进了地方经济发展、满足了人民群众对品质生活新期待等多重需求。

保护 传承 利用 | **中国大运河**　依河而生　因河而兴　工商文化历久弥新　运河精神生生不息

约翰·霍金斯北仓门创意经济大讲堂

中外文化交流活动

迈阿密艺术中心艺术交流作品展

北仓门生活艺术中心

青年文创论坛

中意工业遗产保护与利用合作项目启动仪式

香港大学生无锡实训活动

图6-10　2005年起利用北仓门蚕丝仓库建设北仓门生活艺术中心及文化创意产业园，开启了运河工业遗产修缮利用的新途径

服装秀场　　　　　　　　　　非遗传承表演　　　　　　　　　中国-希腊音乐交流会

修善后的北仓门生活艺术中心

国际艺术展　　　　　　　　　国际当代艺术巡回展　　　　　　文创设计生活周

保护 传承 利用 | **中国大运河** 依河而生 因河而兴 工商文化历久弥新 运河精神生生不息

贺弄胡氏务本堂

贺弄定胜桥

N1955（文化创意园）

N1955（时尚创意园区）

蓉运壹号创意设计区

蓉运壹号商业休闲区

图6-11　以蓉运壹号、N1955南下塘文创园等为代表的创意产业园以及贺弄等为代表的文商旅街区实现了创意产业发展与遗产保护、文化旅游的有机融合，为大运河保护、传承、利用与城市发展注入了新动能

2007年利用茂新面粉厂工业遗址——建设无锡中国民族工商业博物馆

无锡中国工商业博物馆位于无锡西水关外（今振新路415号），与西水墩隔河相望的茂新面粉厂，原名保兴面粉厂，由我国著名民族工商业家企业家荣宗敬、荣德生兄弟和朱仲甫等于1900年筹资创办，是无锡第一家机制面粉厂、荣氏家族最早创办的民族工商企业，也是中国早期的股份制企业之一。1916年更名为"茂新第一面粉厂"，后被日寇烧毁，1946年由中国第一代建筑大师童寯先生设计重建。该厂从创办、兴盛、被毁、重建到新中国成立后的新生，经历了一条曲折的道路，见证了100多年来中国民族工商业的发展和变迁。

茂新面粉厂主体建筑和生产设施保存较好，不仅外形完整、结构良好，而且厂区内生产设施也被完整保留，可见当时面粉加工专业化的水平。国家文物局专家在考察评估报告中指出，像茂新面粉厂这类影响大、保存完整的工业遗产不仅在全省，乃至全国也十分罕见，是中国民族工商业发源地最好的见证。2002年，茂新面粉厂被列为省级文物保护单位。

为了更好地让茂新面粉厂遗址发挥作用，2005年，无锡采取整体保留的方式，开始在茂新面粉厂原址建设一座工商业博物馆。建设中注重保存工业生产活动中原有的工作条件和区域环境，使工业文明在博物馆中得到更生动地展示，弥补普通博物馆在传递技术细节中易失落的环节，从多个侧面对工业文明风貌进行"真实"再现。博物馆占地12123平方米，展览面积7300余平方米。2007年，正式定名为"无锡中国民族工商业博物馆"（图6-12）。

无锡中国民族工商业博物馆将工业生产的建筑场所、生产工艺过程、机器设备等作为展示主题，保护的是一个时期技术发展水平的标志和物质见证，具有较高的工业考古价值，承载了博物馆、文物保护单位、非遗展示中心等文化设施功能，并以大量的文物实物资料反映民族工商业起源、发展、繁荣以及在近代政治经济社会中的作用地位，对于保护保存近代历史文物资料、研究中国民族工商业发展史、无锡工商名城史都具有独特的历史意义和价值。

在2006年5月启动的中国、意大利工业遗产保护与利用合作项目中，茂新面粉厂被评价为见证中国民族工商业风雨历程的"活化石"，与北仓门一起，被作为无锡工业遗产保护的样本进行研究。2013年，无锡中国民族工商业博物馆被列为全国重点文物保护单位，成为中国近代民族工业遗址保护的范本。

保护 传承 利用 **中国大运河** 依河而生 因河而兴 工商文化历久弥新 运河精神生生不息

20世纪50年代的茂新面粉厂

中国民族工商业博物馆内景（原茂新面粉厂毛麦仓）

图6-12 2005~2007年利用原茂新面粉厂工业遗址建成的无锡中国民族工商业博物馆

2008年对外开放的运河公园——无锡建设的大运河国家文化公园

运河公园位于无锡古运河与新运河交汇处，历史上是无锡米市工业加工、储存、运输比较集中的地方。新中国成立前，这里有粮食加工厂和堆栈几十家，进入20世纪90年代，米市已迁入城市外围的粮油市场，但还留有一些工业遗迹和历史遗存。

2005年10月，无锡组织召开运河公园规划设计论证会。2006年5月，专门邀请意大利等国内外专家学者来无锡参与研讨。在广泛征求各方意见及专家论证的基础上，确定把运河公园建成一个以米市码头为特色，集运河文化、工商文化、旅游观光、生态绿化、教育普及、休闲娱乐等为一体的城市文化公园。

2007年1月，运河公园开工建设，保留锡丰浜、李家浜等支浜，新增艺术展示馆、中心广场和体育活动场所，建设运河空中平台、运河文化馆、旅游接待中心。保留和修缮清光绪年间建的储业公会、1910年建的九丰面粉厂、1940年建的米业公所等历史建筑。建造了运河牌坊、运河之门和反映无锡运河特色的"无锡运河、米市盛景图"大型雕塑，其中全长218米《运河无锡图纪》汉白玉浮雕长卷，全面展示了大运河中诸多无锡重要的历史事件和人物。

公园利用原有厂房、仓库，建设了中国民族音乐博物馆、何振梁与奥林匹克陈列馆、无锡书画博物馆等场馆。其中何振梁与奥林匹克陈列馆，是为纪念出生无锡北塘运河边的国际奥委会副主席何振梁而建，旨在保留中国奥运珍贵历史资料、弘扬奥林匹克精神。何振梁与奥林匹克陈列馆是国内首座将体育名人和奥林匹克文化精神相结合的主题馆，收藏着何振梁捐献的萨马兰奇纪念奖杯、奥运会火炬、护照等1900余件藏品。陈列馆建成使用后，国际奥委会主席萨马兰奇、罗格都曾专程前来参观，对场馆予以了很高的评价。罗格表示，无锡是一座美丽的绿色之城，有着浓厚的奥运文化氛围，生活在这里的人们一定很幸福。

2008年，占地16万平方米（其中绿地面积占60%）的运河公园对外开放，是中国大运河中最早的运河文化公园之一（图6-13）。运河公园的设计与建设，遵循保护活化利用工业遗产的原则，以保留修缮为主，为大运河文化遗产的活化利用提供了又一实例。

近年来，运河公园内增加了咖啡馆、餐馆、茶馆、儿童乐园等一批休闲设施，越来越多的市民来此休闲、品茗、娱乐，公园已经由景观公园模式转变为景观公园+综合物业模式。

保护 传承 利用 **中国大运河** 依河而生 因河而兴 工商文化历久弥新 运河精神生生不息

运河公园汉白玉浮雕长卷

建于1910的九丰面粉厂老建筑-砖砌大圆筒

运河公园三面环水

运河公园

图6-13 2007—2008年无锡建设的大运河国家文化公园——运河公园

下编 大运河保护传承利用的先行者 | 第六章 永续利用大运河的无锡探索

奥林匹克展厅（组一）

奥林匹克展厅（组二）

奥林匹克陈列馆

197

无锡作为大运河国家文化公园建设的重要组成部分，2020年出台《大运河文化带无锡段保护传承利用实施规划》，进一步细化了"两园三带十五点"建设方案，明确了优化清名桥和惠山古镇两个核心展示园，构建清名桥—南禅寺、南禅寺—北仓门—运河公园、望湖门—江尖公园三个集中展示带，打造中国民族工商业博物馆（茂新面粉厂）、无锡商会遗址、东林书院、黄埠墩、民族音乐博物馆、周怀民藏画馆、何振梁与奥林匹克陈列馆、小娄巷、接官亭弄、荣巷、北仓门蚕丝仓库、业勤苑、西水墩、学前街（钱钟书故居、顾毓琇纪念馆、张闻天故居、薛福成故居）、无锡（国家）数字电影产业园等十五个特色展示点，富有无锡特色的国家文化公园实施规划已经形成。作为建设大运河文化公园的最早城市，无锡运河公园将以大运河国家文化公园重要节点的新角色，继续向世人展现中国大运河的魅力。

无锡在对江尖公园、运河公园、北仓门、茂新面粉厂等重要运河文化遗产的保护利用中，展现出的最大特点就是充分利用其中的工业遗产。目前，国际上工业遗产的保护模式大致可以归纳为四大类别：即博物馆保护模式、景观公园改造模式、创意园区利用模式和综合物业开发模式。无锡涵盖了保护模式中的所有类型，江尖公园属于景观公园改造模式，北仓门属于创意园区利用模式，茂新面粉厂属于博物馆保护模式，运河公园属于景观公园+综合物业改造模式，充分体现了"工业遗产保护无锡模式"的丰富性和全面性。

运河文化遗产保存了鲜活的城市记忆，是城市文化的"根"与"魂"，承载着城市的精神内核，彰显了无锡特有的文化自信。江南运河文化公园正利用大运河洛社南岸旧厂区（原无锡县化肥厂）建设运河水文化展示馆，修复凤羽龙宫、李金镛故居、薛永辉故居等建筑，重现运河无锡惠山段八景，通过活化利用，把大运河无锡惠山段建成文化公园、产业动脉、科创动脉。

第三节　以运河文化提升城市发展的软实力

美国哈佛大学肯尼迪公共政策研究中心主任约瑟夫·奈教授认为，**文化、旅游是城市软实力的具体体现**。一座城市的竞争力，不完全在于它的GDP规模，而是在于这座城市的软实力。能不能依靠这种能力，保持吸纳全国乃至全球一流的高素质资源，决定着城市未来的发展方向和水平，对于城市未来发展至关重要。这种软实力，简而言之就是一座城市的影响力、凝聚力和感召力，其核心是城市文化的张力。

大运河在与无锡相生相伴、相依相存的过程中，展现了海纳百川、革故鼎新的文化特质。挖掘和提升运河文化，彰显城市形象，对无锡尤为重要。穿城而环的运河曾引领无锡这座县城腾飞。现无锡持续保护传承利用大运河，让大运河永续留存、永葆活力、永泽于民，围绕运河打造无锡的城市识别系统，以运河文化提升城市发展的软实力。

精心组织水上游，全面展示运河文化

2020年9月2日，在全国百佳入境游旅行商"无锡运河行"文化旅游推介会上，与会代表围绕加强大运河文化带建设的主题，进行了广泛深入的讨论，达成了"加强运河保护传承利用，延续壮美运河千年神韵"的共识，发表了《无锡宣言》。《无锡宣言》强调：大运河是祖先留给我们的宝贵遗产，是流动的文化。大运河是中华文明历史的见证，是中华民族的标志性工程。大运河是全国各民族各地区交融互动的关键纽带，是新时代区域创新融合协调发展的示范样板。《无锡宣言》聚焦运河保护传承利用，郑重承诺：将竭尽所能当好运河人文与生态的保护者，将全力以赴当好运河故事和文化自信的传播者，将竭尽全力当好运河文旅融合发展的践行者，着力推动文化和旅游融合发展，打造大运河璀璨文化带、绿色生态带、缤纷旅游带，延续壮美运河的千年神韵。

通过旅游吸引游客前来观光，是一座城市提升公众认知度的重要方法，也是提升城市形象和软实力的重要手段。游千年运河，览百年风华。不同于太湖风光的山水自然之美，穿城而环的大运河，承载着无锡从古至今的财富与文明，记录了无锡的历史变迁，拥有的更多是一种生活风情之美、文化情趣之美，体现了无锡这座江南城市的地道韵味和魅力风采，是展示城市文化旅游形象的最佳载体。现无锡正充分利用运河"黄金水岸"，做足做好"水文章"，在做好运河综合整治、生态修复、文化挖掘的基础上，保持、恢复、提升运河景观风貌，强化景点之间的连接，打造沉浸式、体验式的人文景观带，充分展现"运河绝版地""江南水弄堂"的独特魅力，全面展示无锡运河文化，谱写文旅融合的新篇章。

20世纪80年代，一句"欲游中国古运河，请到无锡来"的口号，让无锡水上游声名鹊起。打造新的运河游、再现20世纪运河游盛况。修葺运河码头，加大古运河北段、东段、西段的保护和景点建设，设计水陆互动游线，结合太湖、梅村、荡口古镇、梁鸿湿地公园等支线景点，形成跨太湖水系、运河水系的无锡水上旅游新游线。

以运河为"线"，串联城市文脉，进一步整合沿线旅游景区、名人故居、商业街区、文创园区等各类资源，综合运用运河风貌、传统民居、生活美学、生产场景，打造名人故居游、运河古镇游、工业遗存游等各具特色的精品旅游路线，进一步引育文化旅游方面的品牌载体、品牌活动、品牌项目，构建运河名城的文旅品牌体系，充分展示吴文化、工商文化、运河文化、祠堂文化等文化特质。

以运河为"媒"，"*城市即景区，旅游即生活*"，运河游是无锡全域旅游发展中的重要组成部分，依托全域水旅游资源，将环城古运河文化游、梁溪河观光游、蠡湖太湖休闲游等游线有机衔接，引导体育运动、水上自驾、音乐节、诗歌节等更多文体休闲趣味活动融入运河游中，展现无锡时尚现代的文化气质。打造更多的深度游、体验游、个性游产品，营造以深度体验为核心的运河游新模式。

以运河为"网"，进一步开通、拓展城市间的水上旅游交通线，与苏州、杭州、扬州等运河城市开展合作，恢复20世纪80年代的跨市运河游览航线，针对如今人们消费需求的不断变化，在游船上提供丰富的互动类项目，如增加茶道、花道、香道等社交活动，举办锡剧、评弹等演艺活动，开展剧本杀、密室等娱乐活动，随之升级配套服务，差异化设计游船风格，以适应不同游客的需求，形成大运河文化带上的"水上一体化"旅游新格局。

以运河为"根"，大运河是无锡美好生活场景的重要承载地和创意文化的原始创新地。在运河游中推出沉浸式演艺、非遗互动节目和文创产品，丰富文旅消费项目，向游客充分展示无锡城市的文脉谱系，为市民和游客提供更全面、更沉浸的文旅体验。定期举办灯会、龙舟竞渡、摇橹游览等活动，穿插开展吴歌、渔谚、锡剧、俚曲、宣卷等表演，将岸上"看"和水上"玩"相糅合，通过运河非遗的活化传承、柔性展示，使运河游风情无限、生机盎然。此外，过去大运河中游山船上的船菜颇有名气，无锡船菜堪称全国船菜的"翘楚"，目前正在符合环保要求的前提下，取其精华，加以复兴。

以运河为"魂"，把运河文化的保护和旅游发展放在城市发展整体战略、国土空间整体布局中统筹考虑。把无锡老城变成一座活着的、开放的博物馆，一个展示江南文化、魅力、个性、活力的繁荣大景区,实现在保护中发展、在发展中保护。

2015年9月,江南古运河旅游度假区获江苏省政府批准设立,度假区面积约9.85平方千米,地处无锡中心城区,涵盖了大运河无锡段的精华部分。国内度假区一般近山、近川、近海,以山水、湖滨、海岸等自然风光形态为主,江南古运河度假区是国内首个设在城市中心的度假区,也是中国大运河文化带、兼具城市与水乡特色的都市文化休闲旅游度假区。

古运河度假区作为无锡建设大运河国家文化公园的主体,基于"城旅一体、主客共享"的理念,通过深挖大运河文化遗产内涵,以运河文化旅游赋能城市有机更新、推进文商旅深度融合发展,推动城市创新发展,带动传统生活空间向城市休闲空间转变,促进城市功能更新、消费能级提升,打造运河高品质文化生活服务圈,形成具有无锡特色的文商旅产业新高地、大运河文化带上的城市休闲度假服务示范区、世界级运河城市休闲空间典范之一。

深度挖掘提炼运河文化

文化是城市的灵魂,体现了城市的精气神。随着经济社会的高速发展、城市现代化的快速推进,城市之间越来越依靠文化特色决高低。未来城市间的竞争是软实力的竞争,也就是文化的竞争。从泰伯奔吴起始,无锡有3000余年文化史,但春秋以后、民国以前的城市能级一直相对较低,在城市发展的软实力方面仍存在短板,城市知名度和影响力仍显不足。

中国大运河的申遗成功,使其为世人所瞩目。大运河凝聚了中国历代人民的辛勤劳动和传统智慧,作为一项伟大的水利工程,它不仅在特定的历史阶段解决了重大国计民生问题,更将历代文化遗产融合在一起,形成积淀了中华优秀文化基因的大动脉。新时代,大运河作为具有典型代表性的文化标识,对于坚定中华民族文化自信、传承保护利用中华优秀传统文化、推动世界文化交流互鉴具有深远意义。

做好运河文章、弘扬运河文化,对于塑造城市形象、提高城市竞争力意义重大。对运河名城无锡而言,更是一项具有深远价值与重大意义的工作。近年来,无锡制定《无锡市大运河文化保护传承利用实施规划》,结合国土空间规划修编,完善《大运河(无锡段)遗产保护规划》(2010—2030年)和《无锡市古运河风光带沿线城市设计》,在建设大运河文化带、生态带、旅游带上的思路和路径更加明晰。

大运河文化带不仅指运河本身,还覆盖了运河水系。大运河无锡段沿线,有被列入

图6-14 无锡市惠山区洛社镇万马村尚田小镇六次产业园

世界文化遗产预备名单的惠山祠堂群、国家历史文化名镇荡口古镇、国家历史文化名村礼舍村，国家历史文化名街清名桥街区，全国重点文物保护单位阖闾城遗址等各级文保点达200余处。

把大运河无锡段独有的资源优势转化为文化优势，挖掘运河文化、讲好运河故事、彰显运河品牌，通过对运河文化的提炼、传承、创新，丰富文化内涵的创造力、感知力、影响力，发挥文化引领作用，提升市民审美能力，提振地方文化自信，振奋城市发展精神，让运河文化精神深入人心，从而增强人们对无锡这座城市的认知度和认同感。2018年起，位于大运河无锡惠山区的洛社镇万马村致力于推进农村一二三产业融合发展。通过科技、人文等元素融入农耕文化，延伸农业产业链，形成了一个从农业生产到农产品加工、销售、农耕文化旅游、运河民宿休闲度假等融合发展的尚田乡村振兴模式（图6-14）。

在守护与传承大运河无锡段文化遗产的历史价值和空间肌理的基础上，全面系统地从历史文化遗迹、古籍文献和历史档案中挖掘、梳理文化资源，并与时代元素相结合，传承提炼大运河蕴含的历史文化价值。以运河水系为主脉，以运河遗产点和历史文化古迹为支点，串起一幅幅美丽人文画卷，彰显运河文化的独特魅力。倚邻阖闾城遗址的滨湖区马山小南湾立足农业，因地制宜，利用自然人文打造阖闾良田、茶山幽谷、吴地原乡新田园生活，实现农村的可持续发展（图6-15）。

下编 大运河保护传承利用的先行者 | 第六章 永续利用大运河的无锡探索

规划目标
- 山洪：按二十年一遇标准新建截洪沟。
- 河道水系整治：
  1. 对河道清淤、河岸整治、局部河道拓宽、水系沟通，保证水系的贯通。
  2. 对贯通的河道新建滚水坝等拦蓄水设施，保证各段河道内正常有水以及汛期河道涝水安全下泄。
  3. 调控和抬高内部小河浜的水位，确保项目区生态景观用水和农作物用水。
- 农田水利：
  1. 各灌区设置灌溉泵站，保证能独立灌溉。
  2. 新建灌排沟渠系统，灌溉渠道进行衬砌，保证农田用水"灌得上，排得出"。

规划总图

图6-15 无锡市滨湖区马山阖闾城小南湾规划图

保护 传承 利用 **中国大运河** 依河而生 因河而兴 工商文化历久弥新 运河精神生生不息

大运河无锡段流域范围内的河、堤、闸、桥、码头、街巷、塘道、纤道，寺庙、园林、古墩、驿站、碑石、官亭、祠坊、古树等各类不可移动文物，以及船歌、渔谚、纤号、掌故、手工、俚谚、节俗艺术等非遗，都是无锡运河文化的重要组成部分，承载着地方的文化基因，蕴含着大运河文化的精华。一方水土养育一方人，位于无锡运河畔的玉祁镇礼舍村，就是其中代表之一，这里不仅运河风光宜人，也是中国历史文化名村，诞生了我国著名经济学家薛暮桥、孙冶方。玉祁唐家宕村，是发端于20世纪30年代中国当代经济学家陈翰笙领导的农村调查的第一站。

开发新建是发展，保护利用也是发展。加强运河历史文化遗存的保护修复，除了深入挖掘遗址的内涵和价值，还需要以科技手段增强文化体验感，提升遗产的文化影响力和知名度。通过发挥市场力量，借助高水平团队，进一步盘活工业遗产、乡土建筑等存量载体，用好北仓门、蓉运壹号等品牌园区，打造更多高品质、有影响的文创产业集聚区，吸引名人工作室、文化创意团队和人才等落户，开发出有市场竞争力的文创产品，支持紫砂、泥人等非遗创新性发展，形成更多历史元素和现代符号深度融合的文化创意产品。

鲜活、动人的运河记忆不仅存在于沿岸的建筑、街区、设施中，更存在于两岸居民的生活细节与民俗风情中，传承至今，绵延不绝。在保护挖掘运河文化过程中，既从保护文物、追寻历史、艺术审美的角度，又从关爱人的角度，延续运河沿线的社会结构和文化生态，活态展示运河文化遗产，让运河文化成为活的文化。对文化遗产不仅进行博物馆式保护，而通过对特定文化空间进行微改造，增设社区美术馆、艺术画廊、创意书店、互动空间等，以实现运河文化遗产、历史文化街区与群众生活的活态融合。开展运河文化遗产的宣传工作和遗产保护的培训工作，通过展览、艺术欣赏、讲座、竞赛、寻宝等形式多样的活动向市民介绍和普及运河文化。

结合中国文化遗产保护无锡论坛以及江南文脉论坛等，联合高等院校、研究机构、民间学术团体等，形成范围更广、水平更高的运河智库，对运河文化、工业遗产、徐霞客游线、伯渎河等具有国际性、前瞻性和全局性的运河文化重大课题进行深入研究，进行世界运河名城的比较学研究。

运河文化是逐渐积累的，文化标识的形成也是一个长期的过程，除了运河水弄堂、清名桥等传统运河标识外，北塘码头、工业遗产、伯渎河等也沉淀着深厚的运河文化底蕴，都是具有鲜明城市记忆的文化标识。规划保护运河、传承利用运河的无锡实践、推动无锡发展进步的运河文化精神等无形的标识也非常值得精心研究并提炼。

利用科技手段记录传播文化，对文明的重要性不亚于创造文化本身。无锡作为科技创新数字产业等的高地，在挖掘提炼运河文化过程中，还抓住建设数字大运河、智慧大运河的机遇，实现文化遗产的数字化、数据化与智慧化，不断拓展游客畅游古运河的数字应用场景体验，增强休闲旅游的魅力和吸引力。

从历史文化到工业遗产，从时尚街区到新锐艺术，无锡运河文化在不断融入当下的语境中获得生生不息的力量。把大运河文化与吴文化融合、大运河文化景观与太湖自然风光融合、古运河遗产与新运河形象融合、古代物质和非物质文化遗产与近代工业遗产融合，围绕假日经济、夜间经济、数字经济，打造文商旅深度融合的全产业链，推动运河文化创造性转化、创新性发展，营造文化经济新生态。

充分利用运河打造山水城市特色

运河是无锡山水中的一抹亮色，无锡在保护传承利用大运河过程中，积极利用运河打造山水城市的特色。

运河湾位于无锡老城区西部、梁溪区与滨湖区交界处，北临锡山惠山，南濒梁溪河，大运河无锡段纵穿其中，占地约4.89平方千米，山水相映、城景交融，是典型的都市山水格局特色空间地区，也是无锡"山水入城中"城市格局的精华地段之一（图6-16）。

许多无锡人对20世纪80年代初的运河湾运河西路吟苑段沿岸"小外滩"，都有一种特殊的情愫，因为，这里曾是无锡最"柔情蜜意"的地方，也一度是人们驻足饱览运河风光的好去处。如今，无锡运河湾作为城市更新的重点单元，承载着人们对美好生活的向往。

蠡桥旁的"运河外滩"就是运河湾改造中利用工业遗产的典型代表之一。这里位于大运河与梁溪河的交汇处，是无锡韵味独具的人文艺术客厅，其前身是荣宗敬、荣德生兄弟创办的开源机器厂，古红色墙砖的旧厂房建筑完整保留了当年的历史信息（图6-17）。从老厂房里延伸出来的现代建筑，有美术馆、咖啡馆和各色美食餐厅，新老建筑交相辉映，让这块片区释放出"黄金水道"的时代风采。

充分利用好新运河，让新运河两岸更好地互动互融，形成浑然一体的空间格局，促进运河湾的可持续发展。在锡山大桥与梁溪大桥

保护 传承 利用 **中国大运河** 依河而生 因河而兴 工商文化历久弥新 运河精神生生不息

图6-16 锡山大桥至梁溪大桥段运河湾具有"山水入城中"无锡山水城市特色的精华

之间,建设街区公园式观景人行天桥——"运河露台"。将其打造成集休闲、商业、体验等功能于一体的可玩可逛、可游可赏的空中步行街、大公园,成为展示数字无锡、运河文化的城市秀场,成为运河游的重要一景。融入科技元素和前沿理念,以世界眼光、国际标准,聘请顶尖团队精心设计打造,在保证运河航道正常通航、周边交通良好组织的前提下,使运河露台成为无锡点睛、经典之作,自然融入山水城湾中。成为更有美誉度、标识度、知名度、有内

图6-17　大运河与梁溪河交汇处,利用开源机器厂工业遗址建设的运河外滩,现为公共文化、百姓生活配套服务场所

涵、有品质、有魅力的精致城市特色空间。

对大运河无锡段41.5公里长河岸线两侧统一编制规划,通过岸线整治、腾地造绿等系列措施,构建贯通运河两岸的慢行道、骑行道及生态绿廊,实现京杭大运河生态、人文、经济等多方面价值的整体提升,进一步擦亮山水城市底色。结合运河湾以及运河"河尖""河湾"地区的独特地理特征,打造直湖港湿地公园、江南运河文化公园、雅西社区公园、钱桥产业公园、北尖公园、双河尖公园、运河公

园、运河湾、梁溪河口公园、太湖广场、南尖公园、大运河科技生态公园等河畔公园。

位于惠山区洛社镇的江南运河文化公园是在原工业厂房的基础上，打造的"运河畔的活态展示馆"，充分展示江南运河两岸人民治水兴水的发展历程，以及治水人物、治水成就、水情工情等，弘扬水文化、传承水文明。展示馆内有运河工商盛景区、儿童科技互动区、非遗技艺工坊区、运河长廊沉浸区等展厅和演艺剧场，同时设有集文化体验、教育科普、公共交流等功能于一体的活动空间。

锡澄运河与京杭大运河交汇处的北尖公园，地下为污水处理厂，地上是体育公园；位于京杭大运河与古运河交汇处的南尖公园，保留场地内原有的11栋老仓库建筑，用于打造小型的文化创意社区和艺术展陈、设计等多业态的时尚生活空间；位于锡通高速与具区路交汇处东南方向新吴区的大运河科技生态公园，是一个以科技创新、绿色低碳、人文休闲为特色的生态郊野公园。

运河沿线地区是城市转型和功能提升的重要战略空间。围绕山水和运河作文章，全面提升沿线景观风貌，打造生态美丽、承载文明、寄托乡愁、惠泽市民的美丽河岸线，以水润城、让无锡城因河而美丽，以水怡人、让无锡人民成为河岸永恒的主人，实现"水城人"结合，达到水清、岸美、城兴的目标。

打好"大运河+科创"组合牌，大力发展绿色经济、科创经济、物流经济、文化经济，通过盘活存量建设用地和闲置厂房楼宇的潜力，发挥土地效用，发展提升运河两侧的科创产业，让"黄金水道"产生"黄金效益"。

第四节 丰富世界文化遗产，提升城市能级

世界文化遗产是举世公认的"具有突出普遍价值"的历史文明成果，是最具权威、最有公信力的世界文化品牌。一座城市如果能够拥有世界文化遗产，将大大提升城市的能级和地位，增强对人和资源的吸引力。

大运河无锡段的工业遗产群落、徐霞客游线和伯渎河三个项目，分别具有遗产廊道、线性遗产、从已有世界遗产的基础上增加遗产点等近年来世界文化遗产保护领域优先申报项目的条件，只要高度重视、积极组织、科学规划、精心培育，这几个项目都有望成为世界文化遗产。

图6-18 争取伯渎河成为世界文化遗产地

争取伯渎河成为世界文化遗产地

2014年,中国大运河入选世界文化遗产,首批申报的大运河世界遗产点段共有27段河道和58处遗产点,分布在31个遗产区,无锡江南运河无锡段及清名桥2个遗产点入选。根据联合国教科文组织2012年出台的相关法案,大运河在申遗成功之后,其他遗产点若工作做得好,仍有希望成为世界遗产地。

伯渎河是泰伯带领无锡百姓在3000多年前开挖的人工运河(图6-18),也是连接无锡城与梅里古都的重要水系通道,它西起运河水弄堂,向东流经江溪、梅村、鸿山至苏州无锡交界处的漕湖,全长24.14千米。2018年8月,在伯渎河沿岸考古勘探发现了无锡梅里遗址。梅里遗址位于无锡市新吴区梅村街道,主要分布在泰伯庙东、新友路西的伯渎河两岸。经全面勘探、试掘和两次正式发掘,梅里遗址的考古工作取得了丰硕成果。在2019年7月召开的无锡梅里遗址考古学术研讨会上,来自中国社会科学院考古研究所、江苏省考古研究所、中国科学院南京地理与湖泊研究所、上海博物馆、南京大学、西北大学、河南大学、苏州市考古研究所、省文物局等院校机构的专家，经过现场考察、充分讨论，达成了一致意见，发布了《无锡梅里遗址考古学术研讨会专家意见》。

专家们认为，无锡梅里遗址是太湖东岸一处重要的商周时期遗址，出土了大量马桥文化遗物和西周至春秋时期的文物，文化层中发现的非自然河岸坡度是陡峭的，有明显的人工痕迹，证明了伯渎河系人工开凿。专家们指出，无锡梅里遗址考古学术研讨成果是"无锡梅里遗址内涵丰富，尤其是包括了典型的周文化因素"，并指出："古代文献中有诸多有关商周之际'泰伯奔吴''泰伯居梅里'的记载，梅里古镇区域首次发现的以商周时代遗存为主要内涵的梅里遗址正处于这一时代范围内。"

梅里遗址的发现为考证伯渎河的开挖时代提供了重要考古依据，是对泰伯开挖伯渎河的有力支撑。考古认为"首次发现了分布于伯渎河两岸的商周时期的遗存，面积达6万平方米以上，经碳14年代测定，遗址最早年代距今约3500年"，是"商周时期的遗存，历经西周、春秋至明清时期"，这清楚表明泰伯渎为泰伯所开的历史记载和考古发掘的遗存年代吻合。无锡梅里遗址考古学术研讨成果支撑了泰伯奔梅里的文献史实，也印证了文献所记载的泰伯开挖伯渎河的壮举。

中国大运河的开挖年代，传统上以夫差在公元前486年开挖邗沟为始，而如今确证的由泰伯于公元前1200年左右开挖的伯渎河，早于夫差开通的邗沟，是中国大运河最早的一段。考古结论表明，中国大运河自伯渎河始，建设时间要比原来向前推进600年左右。伯渎河不仅是中国最早的人工运河、江南运河真正的原生长点、无锡宝贵的历史遗存与文化资源，更是中国运河文明的摇篮之一。将这样一条被专家誉为"运河的运河"的起源之河补充纳入世界文化遗产中国大运河的遗产点，成为世界文化遗产地，是有基础的，经过持续努力，是有可能实现的。

泰伯开渎是中国运河第一撬，对无锡发展起到了深远的影响，给我们留下了宝贵的文化遗产和巨大的精神财富。时至今日，伯渎河依然是无锡运河水系的干流之一、水上运输的通道之一，可谓中国运河的"活化石"。伯渎河两岸集聚了一、二、三产业，但还保持了原生态的自然环境，河道两侧集聚了居住、农业耕作、工商业及文化等功能区，拥有便利的交通条件和丰富的人文景观资源。

2019年实施建设的伯渎河文化公园，以"蓝绿交融、生态渗透、文化传承"为设计理念，以"梦回伯渎、七里画廊"为愿景，恢复伯渎河生态体系，完善市民生活配套设施，增加了文化、体育、运动等设施，成为无锡文产城融合的示范区域之一。

争取早日让伯渎河成为世界文化遗产地，充分彰显大运河无锡段历史底蕴和文化魅力，提升无锡的世界知名度和美誉度。以增加申报大运河遗产点为契机，建设伯渎河纪念馆、把祭祀泰伯和泰伯庙会等节俗与伯渎河文化紧密衔接，持续保护利用好伯渎河，不断做好相关遗址的修复与保护，全力做好梅里遗址和鸿山遗址的考古发掘，充分挖掘并发挥其遗产价值，进一步确立伯渎河"中国大运河第一撬"的历史地位，丰富运河文化和吴文化内涵，不断增强无锡的文化自信。

以徐霞客游线申报"世界线性文化遗产"

1987年11月，中国科学院、中国地理学会、江苏省政府等在无锡联合召开了"纪念徐霞客诞辰400周年暨国际学术研究会"，包括来自美国匹兹堡大学等学府的海内外徐霞客研究专家到会，时任国家主席李先念亲自为徐霞客精神题词："*热爱祖国，献身科学，尊重实践*"。近年来，泰国清迈大学专门和无锡联合办学，成立了"中泰国际徐霞客旅游学院"。

东方游圣徐霞客是中国旅游第一名人，是最具代表性的运河人物之一，也是世界旅游界的代表人物，他不仅创造了把科学探索与文学记叙融为一体的旅游文化，更以其独特的个性、扎实的史料、丰富的内涵、广泛的影响、迷人的神韵形成了霞客文化。打好具有世界影响的霞客牌，有助于无锡进一步充实人文内涵，打造更多与区域性、全国性旅游线路相关联的旅游项目，全面促进全域文化旅游发展。

徐霞客研究界普遍认为，无锡拥有徐霞客文化的核心与精髓部分，是徐霞客生平际遇的承载地、历次远行的起讫之地以及徐霞客思想和游记的最终形成地，可谓霞客文化的集大成之地。《徐霞客游记》的文化基因与东林文化、无锡运河文化一脉相承。大运河无锡段在徐霞客旅行中发挥了非常重要的作用，无锡宽阔通畅的运河适合大型船只通行，为徐霞客实现远行提供了基础条件。可以说，徐霞客的"运河舟行"正是当时无锡人利用大运河开展旅游、考察、交流的一大缩影。大运河无锡段流域分布着大量徐霞客元素，由徐霞客文化精神和历史遗迹构成的旅游资源，是无锡最有价值和影响力的人文旅游项目之一。其中小娄巷文化是徐霞客文化的根脉。

线性文化遗产是近年来由文化线路衍生并拓展而来的，主要是指在拥有特殊文化资源集合的线形或带状区域内的物质和非物质的文化遗产族群。线性文化遗产的形式和内容多样，大多代表了人类的运动路线，体现着地区文化的发展历程，如奥地利塞默林铁路、以色列香料之路和我国丝绸之路、茶马古道都是典型的线性文化遗产。线性文化遗产也是世界文化遗产的一种重要形式，大运河连通南北、贯穿古今，是流淌的、活着的，是点、线、面结合的典型世界线性文化遗产。

无锡不仅是徐霞客文化之源，也是中国十大旅游城市、运河文化的重要节点城市。依托这位从锡城走出去的游圣，把"读万卷书"的无锡深厚文化底蕴与"行万里路"的徐霞客游记结合起来，以徐霞客旅行起讫地的身份，把徐霞客游线的人文遗迹、秀美景观串联起来，和徐霞客旅行所到过的当地政府和社会各界一起，发起构建一条内涵丰富的文化旅游线路，共同关注、保护与徐霞客相关的自然和文化遗存，共同打造徐霞客品牌，逐步形成徐霞客游线，早日申报"世界（线性）文化遗产"。

无锡作为这条线性文化遗产的起讫地，通过重塑游圣故里、讲好码头故事、延续运河文脉、开发霞客旅游线路。小娄巷是徐霞客的主要学习、生活地，徐霞客的成才、成功、成名与这里息息相关。在小娄巷保护建设中植入更多徐霞客元素，向世界宣告"游圣故里在无锡"，使其成为展示宣传徐霞客文化的一扇窗口，吸引广大游客到此观光朝圣，成为关注徐霞客者的必到之所；修建东海贤母祠，借《晴山堂法帖》中高攀龙400年前为徐霞客母亲王孺人所题"东海贤母"，树立中国古代孟母、陶母、岳母、欧母四大贤母之外女德的又一丰碑，大力宣传、讲好徐母王孺人的故事，树立徐母这个无锡开明贤达家庭教育的榜样，提升无锡妇女的国际形象和文化地位。

无锡北塘运河码头是徐霞客一生16次远游的起讫之地，也是串联起徐霞客游线的原点。通过修复大运河文化与徐霞客文化交汇的北塘运河码头旧址，树立徐霞客出行起讫点纪念碑、塑造徐霞客与运河的雕塑、复建徐霞客历次出行乘坐的帆船等，全面展示徐霞客每次远行所走线路及游记主要内容，讲好运河米、布、丝、钱四大码头、清帝南巡、江南漕运、武当进香、民族工商业发祥等一系列码头故事，充分展示无锡多姿多彩的码头文化。

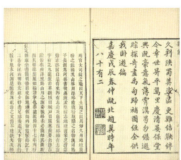
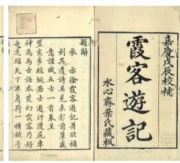

图6-19 徐霞客故里

徐霞客走南闯北，在无锡留下了诸多霞客文化元素。进一步拓挖、统合无锡城区、江阴、宜兴等各区域的霞客文化元素意义重大。在江阴已有的徐霞客故居周围，建中华游圣祠、湖庄书屋（图6-19），在宜兴建中国溶洞科考基地、徐学名人故居等，利用大运河、锡澄运河、太湖等将这些景点串珠成链。开发徐霞客相关旅游研学的文创产品，打造青少年徐霞客科学文化研学精品线路，发扬霞客精神。

让中国工商名城成为中国第一个世界工业遗产地

作为人类工业文明的"活化石"，工业遗产见证了工业活动对历史所产生的深刻影响、见证了科学技术对于工业发展所作出的突出贡献、见证了工业景观所形成的城市特色、见证了工业发展对经济社会的带动作用、见证了人类巨大变革时期社会的日常生活，是普遍意义上的文化遗产中不可分割的一部分，具有很高的历史价值、科学价值和艺术价值。单霁翔先生指出:"工业遗产也是人类文化遗产的重要组成部分,过去的中国百年,是数千年来一直在农耕文明下生活的中国人生活改变、观念改变、城市结构改变之和,近现代工业的引入及发展对此起了重要的推动作用。"(图6-20)

自1978年波兰工业遗产维耶利奇卡盐矿被评选为世界遗产以来,已经有来自30多个国家约90处工业遗产被列入《世界遗产名录》。20世纪90年代中期,联合国教科文组织将国际工业遗产保护协会(TICCIH)列为世界遗产评审咨询组织以来,众多具有代表性的工业遗产特别是工业化革命以后的工业遗产陆续登录《世界遗产名录》,目前总数已近70处。世界工业遗产成为了世界文化遗产的重要组成部分。

世界遗产委员会高度重视工业遗产申遗,2003年在《亚太地区全球战略问题》中,列出了亚太地区尚未被重视的9类世界遗产,其中就包括工业遗产,并在《行动亚洲2003—2009计划》中,把"近代与工业遗产"作为今后世界遗产提名特别关注的对象之一。2005年,国际古迹遗址理事会提出的《世界遗产名录:填补空白——未来行动计划》中,把"工业与技术项目"作为提请注意的"目前世界遗

图6-20 单霁翔说:"工业遗产也是人类文化遗产的重要组成部分。"

产名录及预备名录中较少反映的类型"之一。

据国家工信部不完全统计,当前,我国拥有从古至今近千处工业遗产资源。仅2017年以来,工信部就先后发布了四批共164项国家工业遗产名录。但作为工业文化的重要载体,中国只有"青城山与都江堰水利灌溉工程"这一处广义上的、古老的工业遗产被纳入世界遗产范畴(有人也将大运河作为一种工业遗产纳入世界遗产,但没有得到广泛认可)。近代中国工业化肇始以来的真正意义上的大量工业遗产,在联合国教科文组织已评出的1154处世界遗产中竟无一席之地。

工业深刻而广泛地影响着世界,工业遗产作为工业文明的重要见证和世界遗产中不可分割的组成部分,经历了时光岁月的洗礼,凝

结着人类智慧的结晶，留存下了无法磨灭的印记。中国历经古代手工业、近代民族工业和现代工业建设，已建立起世界上门类最齐全的工业体系，成为世界第一制造大国。特别是自19世纪中国民族工商业从无到有、从小到大的历史发展进程中，在全国各地留下了大量较具特色的产业遗存，这些大大小小的厂址遗迹构成了中国工业遗产的主体，见证了一个城市乃至一个地区和国家经济发展的历史进程，反映了中国工业化的内涵与特色。因此，对中国来说，工业遗产也可以称为"近现代化遗产"。中国工业遗产理应在世界工业遗产中，享有与其发展历史与现状体量相匹配的地位。

无锡作为我国近代民族工商业的主要发祥地之一，被称为"中国民族资本工商业的摇篮"，改革开放以后，这里又成为中国乡镇企业的主要发源地。在中国近代工业史上有着举足轻重的地位。在近百年来的工业发展历程中，从近代的民族工商业崛起，到改革开放乡镇企业的蓬勃发展，无锡始终走在中国社会历史性转型的前列，担当着近现代工业发展的先驱。无锡近代以来的工业主要沿大运河发展，运河的通达便利使无锡成为中国工商业起步最早、近现代工业遗产最为丰富的地区之一，是名副其实的中国工商名城。

在中国工业遗产保护的发展历程中，无锡也具有突出的地位。这不仅是因为无锡在我国近现代工业发展史上地位独特，工业遗产和遗址多，还因为2006年4月首届中国工业遗产保护论坛也在无锡召开，中国首部关于工业遗产保护的宪章性文件——《无锡建议》就诞生在这里。《无锡建议》的颁布标志着中国工业遗产保护迈出了实质性的步伐。透过工业遗产这些特定历史时期的物质遗存，我们可以看到近代无锡企业家、当代乡镇企业家勇于兴业报国、敢于开拓创新，为中国工业发展作出较大贡献。所以，无锡工业遗产不仅仅是城市历史的反映，也是一代又一代无锡人奋斗精神的图腾。

大运河无锡段保存的工业遗产是中国民族工商业和现代工业的典型代表，具有与世界工业文化遗产比肩的地位和实力，有实力进一步走进世界运河文化舞台的中央，实现中国工业遗产的"世遗梦"（图6-21）。

目前无锡与工业有关的文物保护单位总数占全市文物保护单位比例近1/5，数量之多、规格之高、比例之大，在全国名列前茅。有市级以上文物保护单位29处，全国文物保护单位5处，省级文物保护单位8处（表6-1）。无锡还公布了两批共34项工业遗产，78项不可移动工业遗产为文物保护、控制单位。这些工业遗

保护 传承 利用 **中国大运河** 依河而生 因河而兴 工商文化历久弥新 运河精神生生不息

中国乡镇企业博物馆

中国民族工商业博物馆

无锡县商会旧址

中国银行无锡分行旧址

春雷造船厂船坞

图6-21 让中国工商名城无锡成为第一个世界工业遗产地

表6-1　无锡重要工业遗产名录

保护级别	名　称	数量（处）
全国文物保护单位	薛福成故居建筑群、大窑路窑群遗址、无锡县商会旧址、茂新面粉厂旧址、江阴蚕种场	5
省级文物保护单位	荣巷近代建筑群、永泰丝厂旧址(含薛南溪旧居)、北仓门蚕丝仓库、振新纱厂旧址、荣德生旧居、春雷造船厂船坞、惠山泥人厂旧址、西漳蚕种场旧址	8
市级文化保护单位	顶昌丝厂旧址、万善桥和梓良桥及沿岸、宗敬别墅建筑群、纸业公会旧址、沈瑞洲故居、冯氏旧宅、钱氏慎修堂、王禹卿旧宅、云薖园、薛福成墓及堂屋、张卓仁旧居、储业公所旧址、钱土纱业公所、万源布厂、青阳茧行、建业窑与五金厂旧址	16
合计		29

产跨10大类行业，其中2处入选了中国工业遗产保护名录，包含了我国从工业化至今几乎所有的工业生产形态，能够穿成一条完整的工业发展链条，充分展示了从古至今、从无到有的工业化进程，是中国工业化发展过程的一大缩影。可以说，无锡作为中国工商名城，拥有完整性、系统性、原真性的工业遗产群落。

近年来，无锡对全市工业发展史、工业遗存修复等方面开展研究和探讨，公布了工业遗产名录；成立了无锡市工业遗产保护中心，建立、完善工业遗产价值评价与保护制度；建设了一批工业遗产博物馆、工业遗产保护利用区，整合工业遗产周边资源，形成新的产业优势。值得一提的是，无锡的档案类工业遗产保护在全国也是领先的，目前仅企业档案就有40余万卷。

单霁翔指出："工业遗产作为城市近现代化进程中的特殊遗存，是阅读城市的重要物质依托，跟进和保存有价值和有特点的工业遗产，并加以合理利用，对于维护城市历史风貌，改变千城一面的城市形象，保持生机勃勃的地方特色，也具有特殊意义。"由于无锡历来高度重视工业遗产保护，保护基础扎实，保护成效明显，使得无锡成为了全国工业遗产保护中心城市、国家工业遗产保护重要的示范城市之一，为打响无锡中国工商名城文化品牌、助力工商名城建设提供了重要的佐证。

大运河无锡段两岸工业遗产星罗棋布、工业文明由来已久（图6-22）。民族工商业的先发优势，为无锡奠定了雄厚的工业基

保护 传承 利用 | **中国大运河**　依河而生　因河而兴　工商文化历久弥新　运河精神生生不息

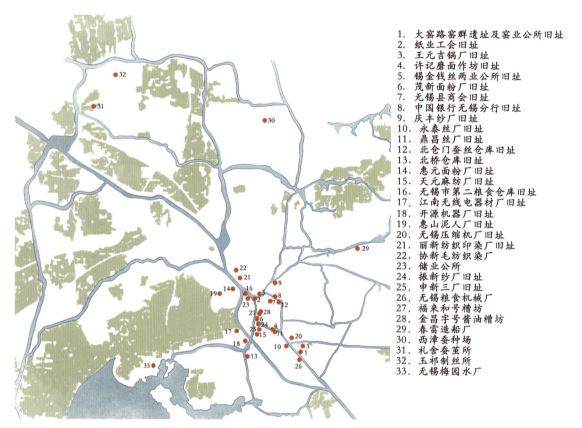

1. 大窑路窑群遗址及窑业公所旧址
2. 纸业工会旧址
3. 王元吉锅厂旧址
4. 许记磨面作坊旧址
5. 锡金钱丝两业公所旧址
6. 茂新面粉厂旧址
7. 无锡县商会旧址
8. 中国银行无锡分行旧址
9. 庆丰纱厂旧址
10. 永泰丝厂旧址
11. 鼎昌丝厂旧址
12. 北仓门蚕丝仓库旧址
13. 北桥仓库旧址
14. 惠元面粉厂旧址
15. 天元麻纺厂旧址
16. 无锡市第二粮食仓库旧址
17. 江南无线电器材厂旧址
18. 开源机器厂
19. 惠山泥人厂旧址
20. 无锡压缩机厂旧址
21. 丽新纺织印染厂旧址
22. 协新毛纺织染厂
23. 储业公所
24. 振新纱厂旧址
25. 申新三厂旧址
26. 无锡粮食机械厂
27. 福来和号糟坊
28. 金昌字号酱油糟坊
29. 春雷造船厂
30. 西漳蚕种场
31. 礼舍蚕茧所
32. 玉祁制丝所
33. 无锡梅园水厂

图6-22　无锡工业遗产分布图

础，从民国初年开始，在大运河无锡段沿岸形成了由无锡民族资本家族自主发展起来的棉纺、面粉、缫丝、榨油等工业。中华人民共和国成立之后，无锡工业持续迅猛发展，但随着城市化进程的加快、环境容量的制约，也基于运河保护传承的需要，一批曾为工业化、现代化作出重大贡献的老工业企业搬离了运河沿岸。随着时间的推移，这些遗存的厂房、车间、堆栈、磨坊、船坞及相关重要人物的活动场所等已成为具有特定历史价值的工业遗产。城区古运河畔，分布着如茂新面粉厂、申新纱厂、北仓门蚕丝仓库、锡金钱丝两业公所、王源吉锅厂、惠山泥人厂等诸多工业遗产（图6-23）。

下编 大运河保护传承利用的先行者　第六章 永续利用大运河的无锡探索

惠山泥人厂旧址　　　　　　　　　　　　　　　　惠山泥人、留青竹刻、锡绣

图6-23　在惠山泥人厂工业遗产内惠山泥人、留青竹刻、锡绣等非物质文化遗产得到传承、活化利用

2015年，分散在日本8地的23处钢铁、造船、煤矿等"日本明治维新工业遗产"整体打包申遗成功。近年来，美国提出了"遗产廊道"的概念，即"拥有特殊文化资源集合的线性景观"，如英国的庞特斯沃泰水道桥与运河以及铁桥峡谷工业区、法国的米迪运河、比利时的拉卢维耶尔和勒罗尔克斯中央运河上的四座升降船闸和周围地区等世界著名工业遗产都符合遗产廊道的特点。

大运河无锡段工业遗产群落，同样是典型的遗产廊道，符合当前世界工业遗产的优先申报项目条件。无锡可以学习借鉴世界上大型线性文化遗产的保护管理经验，整合现有工业遗产资源，规划打造大运河工业遗产廊道，让工业遗产在无锡城市更新、文旅产业发展中发挥更大的价值。

自2006年《无锡建议》出台后，工业遗产的保护利用逐渐得到了全社会的重视。2021年10月，国家工信部在首届国家工业遗产峰会上提出，要经过5年努力，将价值突出的中国工业遗产推荐申报世界文化遗产。

无锡作为中国工商名城，工业遗产密集分布在运河两岸，特色明显、保护基础扎实，有实力也有条件，扛起为中国争得首个世界工业遗产的责任，为提升中国文化软实力作出新的无锡贡献，让大运河无锡段的保护传承利用在当代世界文化遗产体系中焕发出更为旺盛的生命力。

参考文献

[1] （战国）左丘明. 左传[M]. 上海：上海古籍出版社，2016.

[2] （汉）司马迁. 史记[M]. 上海：上海古籍出版社，2016.

[3] （汉）赵晔. 吴越春秋[M]. 南京：江苏古籍出版社，1999.

[4] （汉）袁康，吴平. 越绝书[M]. 上海：上海古籍出版社，1985.

[5] （唐）李延寿. 南史[M]. 北京：中华书局，1975.

[6] （宋）史能之. 咸淳毗陵志[M]. 扬州：广陵书社，2005.

[7] （元）脱脱. 宋书[M]. 上海：上海古籍出版社，1986.

[8] （元）王仁辅. 至正无锡志[M]. 北京：中国社会出版社，2005.

[9] （明）吴翀，李庶. 弘治重修无锡县志[M]. 扬州：广陵书社，2019.

[10] （明）周邦杰，秦梁. 万历无锡县志[M]. 明万历二年刻本.

[11] （明）徐霞客. 徐霞客游记[M]. 清光绪七年刊本.

[12] （清）张廷玉，等. 明史[M]. 北京：中华书局，1974.

[13] （清）顾祖禹. 读史方舆纪要[M]. 清康熙五年刻本.

[14] （清）徐永言，秦松龄，严绳孙. 康熙无锡县志[M]. 清康熙二十九年刊本.

[15] （清）王允谦，华希闵. 乾隆金匮县志[M]. 清乾隆七年刊本.

[16] （清）王镐，华希闵. 乾隆无锡县志[M]. 清乾隆十五年刊本.

[17] （清）韩履宠，齐彦槐，秦瀛. 嘉庆无锡金匮县志[M]. 清嘉庆十八年刊本.

[18] （清）吴存礼. 梅里志[M]. 清道光四年刊本.

[19] （清）裴大中，倪咸生，秦湘业. 光绪无锡金匮县志[M]. 清光绪七年刊本.

[20] （清）吴熙. 泰伯梅里志[M]. 清光绪二十三年刻本.

[21] （清）黄印. 锡金识小录[M]. 清光绪二十三年活字印本.

[22] （清）王永积. 锡山景物略[M]. 清光绪二十四年刻本.

[23] （民国）薛明剑. 无锡指南[M]. 民国十六年刊本.

[24] 夏泉生，罗根兄. 无锡惠山祠堂群[M]. 长春：时代文艺出版社，2003.

[25] 吕锡生，薛仲良. 晴山堂法帖[M]. 北京：中央文献出版社，2006.

[26] 郁有满. 无锡运河志[M]. 西安：西安地图出版社，2008.

[27] 无锡历史掌故丛书[M]. 扬州：广陵书社，2009.

[28] 龚近贤. 锡山旧闻：民国邑报博采[M]. 上海：上海辞书出版社，2011.

[29] 单霁翔. 大运河遗产保护[M]. 天津：天津大学出版社，2013.

[30] 章振华. 无锡风俗[M]. 上海：文汇出版社，2015.

[31] 庄若江. 千载化育　璀璨华章：人文无锡读本[M]. 北京：光明日报出版社，2019.

[32] 无锡市志（1986—2005）[M]. 北京：方志出版社，2016.

[33] 民国时期无锡年鉴资料选编[M]. 扬州：广陵书社，2009.

后记

2020年春天，在运河小尖上，孙志亮先生和我聊起要写一本关于运河的书。作为土生土长的无锡人，这条运河对我来说是如此熟悉与亲切，我表示非常愿意参与编写。编写组由小到大，先后有10位同志参与进来，他们中既有熟悉运河的老无锡，也有热爱无锡的新市民，形成了一支保护传承大运河的民间力量。被孙志亮先生对家乡与运河的深厚情怀所感染，每一位编写组成员都努力克服工作繁忙和家庭负担带来的困难，全身心投入到编写工作中。因为大家平时都要正常上班工作，孙志亮利用周末或节假日主持召开了二十次编写组会议，上、下编形成讨论稿后又十易其稿，反复组织修改、完善和补充。

在近两年半的编写过程中，孙志亮在反复推敲该书的定位、作用后，为本书定了书名、目录和写作提纲，并自始至终不断进行统稿、改稿、校稿、写稿工作，对我和陈从广好比老师教学生一样，既教如何做、又指导一项项具体工作；我和陈从广二人在党委机关工作，挤出几乎所有业余时间，查阅大量的资料，采访亲历者，积极撰写文稿；陈平随文稿的变化不断按季节选择最佳气候条件增拍对应的照片，并和程娅一起，走访相关单位，搜集了大量文献资料和照片；马超和鲍心怡发挥专业特长，对照文稿内容，努力绘好一张张配图；许敏、沙莉母女和王仁刚、商奇，细致校对稿件，提出了许多积极的意见，为编写工作查漏补缺。

无锡知和文化公司的何寿平老师精心组织好每一次编写组会议，并积极对接出版社，全程参与该书的策划、选题、编写、编辑等工作；清华大学出版社的张占奎老师利用休息日，两次专程到无锡，和我们一起探讨选题方向和写作要点。

本书以无锡与运河的关系为切入点，系统阐述在保护传承利用中国大运河中无锡的探索，展现无锡作为中国经济发达地区尊重自然、能文善商、低调务实、开拓创新、海纳百川、善抓机遇的运河城市形象！在本书编写过程中，我们感到在中国大运河保护、传承、利用中，需要有更多无锡元素、无锡声音，为中国大运河国家文化公园建设作出无锡应有的贡献。

在本书的编写过程中吕锡生、李三南、邓启涛、陈斌、胡新兵等同志提供了许多难得的资料，在此表示衷心的感谢！

王辉

2022年5月

依河而生
因河而兴
工商文化历久弥新
运河精神生生不息

永续利用大运河